共生時代の在日コリアン

国際人権30年の道程

金 東勳
Kim Dong-hoon

東信堂

はしがき

世界人権宣言とともに国際人権基準の基本文書を構成する国際人権規約A・B両規約が一九六六年一二月に採択される前の時期に、国連がその中止を求めて長年関与した南アフリカ政府のアパルトヘイト(人種隔離政策)をめぐる議論への参加を契機に、筆者は四〇余年にわたって国際人権法の発展を研究課題としてきた。

その間、人権の普遍的尊重すなわち人権享有における非差別平等の実現を目指した多くの宣言と条約の内容と実施に関する研究と教育に携わるとともに、国内外にはびこる差別的人権侵害を廃絶するために活動する多くのNGOに参加し国際人権法を実践してきた。なかでも韓国・朝鮮人が日本国内に在住する外国人の大部分を占めていた一九六〇年代、国内の市民運動とこれを支える法理論だけでは自浄能力を有しない日本社会の理不尽な差別の壁を崩すことは困難であったことから、人権の普遍性と内外人平等を含む非差別平等の実現を理念とし目的とする国際人権法に依拠して、差別の不合理性と違法性を指摘し、その撤廃を求める法理論の構築に微力を尽くしてきた。

本書は、こうした実践過程において、韓国・朝鮮人の法的地位、人権そして民族教育に関連する問題を国際人権法の規範に照らしてその不当性と不合理を訴えつづけた論稿と講演の中から抜粋したものに、韓国の民主化と人権そして北朝鮮の核疑惑に関連して表明したものを加えたものである。したがって本書を構成する論稿は、巻末の「初出一覧」に見るように、国際人権規約の対日発効(一九九七年九月二一日)前後から近年までの約三〇年の間に、さまざまな機会に在日韓国・朝鮮人の権利状況を国際法とりわけ国際人権法に照らして、あるべき法的処遇を主張したものである。

このように長年にわたって表した論稿を一冊に編んで公表することには若干の躊躇も覚える。しかし、公にした書誌または冊子には廃刊したものが多く、現存しても一般市民が容易にアクセスできないものが多い。また、その間の国際人権条約の受容と実施による顕著な改善にもかかわらず、まだ数多くの不合理な差別が残されていることも事実である。

とりわけマイノリティの権利状況は、人権条約の誠実な遵守と履行による是正措置が求められている。たとえば、外国人登録法が永住者にさえ義務づけている外国人登録証の常時携帯、老齢者と障害者に対する年金の給付拒否、さらには公務就任における国籍差別など、国際人権規約A・B両規約の規定に抵触する差別は、今なお数多く残されている。

そして次に、外国人に対する法制上の差別だけでなく、入居拒否や雇用拒否など私人間の差別の撤廃も義務づけ、民族的優越思想に基づく差別と暴力およびその扇動を犯罪として処罰するよう求めた人種差別撤廃条約の誠実な遵守は、差別を禁止し人種主義に基づく差別と暴力を処罰する反差別立法の実現によってはじめて可能である。英国の人種関係法や韓国の国家人権委員会法など、諸外国の反差別法に学ぶ姿勢が強く求められる。

さらに、二一世紀の国際社会と国内社会が共に達成すべき課題とする「共生」は、外国人に対する差別の撤廃にとどまらず、外国人を言語的、文化的、そして民族的マイノリティと認め、その文化的民族的アイデンティティの維持と表現に必要な教育を受ける権利を認めることを不可欠とする。すなわち、マイノリティの子どもに対する民族教育(ethnic education)と、日本人を含むすべての子どもに対する多文化教育(multi-cultural education)は、人権教育と共に欠かせない措置である。

最後に、在日コリアンにとって、朝鮮半島の平和と人権の確立は、民族的矜持および地位向上と密接に関連する問題であることは歴史の教えるとおりである。韓国の民主主義と人権の確立、そして南北の平和共存に向けた近年の発展は刮目すべきものがあるが、北朝鮮の核疑惑と日本人の拉致をめぐる問題は、日米両国との国交正常化と南北和解の確立による朝鮮半島、さらには東アジアの平和と安定を脅しかねない。

このように、在日コリアンの人権だけでなくその祖国と民族の存亡に関わるこれらの課題を正しく理解し克服するために、本書が提起する問題意識と法理が多少とも役立つことを願って一冊にまとめて公表することにした。

なお、読者の理解をより容易にするために、国際人権法、多民族共生そして朝鮮半島の人権と平和という三つのテーマで大別したが、その内容は重複が多いものの、国際人権法とマイノリティに関する関心と理解はまだ低調であると認識し若干の補正・訂正は加えたものの、ほぼ原形のまま表すことにした。
最後に、厳しい出版事情にあって文字通りの拙稿を刊行できたのは下田勝司東信堂社長の国際人権法に対する深い関心と筆者が長年あずかるご厚意によるものである。心から感謝を表する次第である。

二〇〇四年七月三〇日

金　東　勲

目　次／共生時代の在日コリアン——国際人権30年の道程

共生時代の在日コリアン——国際人権30年の道程

第一部　国際人権法と在日韓国・朝鮮人

1 人権保障の国際化と在日韓国・朝鮮人

はじめに

第二次大戦後、国連を中心にして国際社会が推し進めてきた「人権の国際的保障」の潮流は、歴史的、政治的に培われ日本社会に深く根づいている差別構造の一角をつき崩そうとしている。つまり、国際人権規約そして難民条約の批准に伴って、立法および行政における在日韓国・朝鮮人に対する差別の厚い壁に、ようやく小さいながらも風通しの穴ができたように思われる。そして何よりも注目すべきことは、国際人権規約の批准要求運動を通して、被差別者、なかでも在日韓国・朝鮮人の人権意識が高まったことである。いいかえると、それまでは、制度的・社会的差別に対してほとんど諦めに近い心理状況にあった在日韓国・朝鮮人は、国際人権規約の中に自分たちの主張または要求の法的根拠を見出し、「歴史的特殊性」だけをもってしては「らち」の明かない、それまでの差別撤廃運動に弾みをつけることができたのである。

こうして、人権保障の国際化という国際社会からの働きかけと、これに勇気づけられた被差別者自らの権利意識の目覚めにより、ここ数年の間に見られる権利状況の改善は刮目に値するものがある。もっともこうした改善にもかかわらず、多くの地方自治体が教員を含む地方公務員の採用を拒否し、国立大学教員任用の門戸は閉ざされ、さらには国民年金法を差別的に適用するなどの法的・制度的差別が依然温存されているだけでなく、歴史的に日本人の心の奥深くにこびりついている差別意識とそれに根をはる社会的差別は、教育の場においてさえ、除去されていないのが現状である。※〔その後、一九七九年九月二一日、国際人権規約が日本に対して発効し、公営住宅入居、児童手当などの差別が撤廃され、一九八二年には国民年金法が改正され、外国人にも加入資格を認めたが、老齢年金及び障害者年金の支給対象から除外される人びとが多い。また、国公立大学教員も八二年の「特別措置法」により採用が認められた。〕

本章では、国際人権規約が日本に対して効力を発して二年になろうとする今日においても、いまなお日本社会にはびこる在日韓国・朝鮮人に対する制度的・社会的差別を世界人権宣言、国際人権規約および難民条約などの国際人権文書に照らしつつ、その不合理性または不当性を今一度訴え、その改善のために、被差別者自身を含め誰が何をすべきかを考えてみることにした。

一 人権の国際的保障と日本

現代国際社会は、さまざまな問題と困難を内包しながらも、国連体制を中心に発展しているといって間違いないだろう。そしてこのような国際社会を律する基本原則は、平和維持と並んで人権と基本的自由の普遍的尊重の達成が、国際社会の平和を維持し植民地主義を完全に除去するために欠かすことのできない課題であると認識されてきた。つまり、すべての者の人権と基本的自由の普遍的尊重は、現代国際社会を構成するすべての国家の責務であり課題なのである。

このような国際社会に日本が復帰するのは、周知のように、一九五二年の平和条約による独立回復にはじまり、一九五六年の一二月、国連への加入が承認されることによって達成される。日本は、この国際社会復帰の過程において、当然ながら人権と基本的自由の尊重を国際的に約束しているのである。つまり、まず、一九五二年の平和条約では「日本国としては、……あらゆる場合に国際連合憲章の原則を尊重し、世界人権宣言の目的を実現するために努力」(同条約前文)することを宣言し、次に一九五六年一二月、国連に加入することに伴い、「……人種、性、言語又は宗教による差別なくすべての者のために人権及び基本的自由を尊重するように助長励することについて、国際協力を達成すること」(国連憲章第一条三項)を目的とする国連の加盟国として、「……すべての者のための人権及び基本的自由の普遍的な尊重及び遵守」(同第五五条)を達成するために、国連と協力して「……共同及び個別の行動をとることを誓約」(同第五六条)したのである。

このように人権と基本的自由の尊重は、日本が国際社会に復帰するに当たって受け入れた国際的義務であり課題である。したがって、その後の国際社会の努力によって成立した「国際権利章典(International Bill of Rights)」の受諾、つまり国際人権規約の批准をまつまでもなく、日本国憲法および世界人権宣言の目的にしたがって、在日韓国・朝鮮人を含むすべての外国人に内国人と同様、人権と基本的自由を保障しなければならなかったのである。ところが日本政府は、世界人権宣言が国家を法的に拘束せず、国連憲章の人権規定が具体的かつ積極的義務を課していないことを理由に、法的・制度的差別の撤廃について消極的態度をとりつづけてきたのである。

そして、世界人権宣言と異なり、国家を法的に拘束する国際人権規約に対しても一九六六年一二月一六日、国連総会が採択してから一三年を経過した一九七九年六月になって、国内外の世論に押されてようやく批准の手続きがとられたのである。人権の国際的保障に対する日本の消極的姿勢は、国連で採択されただけでも一九を数える国際人権条約の中、日本が批准しているのは、国際人権規約および難民議定書を含めて僅か五つの条約にすぎないことをみてもわかる。とくに、在日韓国・朝鮮人に対する差別の撤廃と人権保障に重要な関わりをもつ「人種差別撤廃条約」および「教育における差別を禁止する条約」、さらには「雇用及び職業における差別に関する条約」を批准していていないことは、あらゆる差別をなくそうとする国際社会の努力に対して、日本政府がいかに消極的かを如実に物語ってくれる。※〔もっともその後、一九九六年一月四日には、人種差別撤廃条約が日本に対して発効している。〕

それだけに、国際人権保障の中心的な位置を占める国際人権規約を日本が批准したことは、やはり画期的であったというべきだろう。つまり「日本国が締結した条約及び確立された国際法規は、これを誠実に遵守することを必要とする」と謳った日本国憲法第九八条二項の規定にしたがって、内外人平等を基本原則とする国際人権規約を完全に実施して、従来の不合理な差別を撤廃する国際法ならびに国内法上の義務を日本政府が負うことになったのである。さらに、職業選択および社会保障などの権利を内国人と平等に保障する義務を課している「難民条約」の批准に伴って、国民年金法をはじめとする社会保障および社会福祉に関する国内法の改正を余儀なくしたのであった。こうして、従来「煮て食おうが焼いて食おうが勝手だ」という外国人処遇の論理は、人権の国際的保障を共通の目的とする今日の国際社会では、もはやそのままでは罷り通れなくなったのである。ましてや、このような国際社会において指導的地位を自ら主張して憚らない日本の立場は、何をかいわんやである。

二　居住権と法的地位

日本に入国し在留する外国人は、出入国管理および当該外国人の本国と日本との間に締結された条約によって、その在留資格、在留条件、さらには在留期限など、いわゆる法的地位が決定される。一般国際法上、一国への出入国および在留に関する問題は、原則的に当該国が自由に決定できる国内事項と認められてきた。もっとも、すでに触れたように、人権の普遍的尊重を達成するための国際的努力と、日本が国際的に行った約束および国際的義務にしたがって処遇しなければならないことはいうまでもない。つまり、在留外国人の処遇は、支配と管理という行政側の必要性だけでなく、当該外国人の人権尊重という立場から決定されねばならなくなった。

そして、在日韓国・朝鮮人の法的地位は、人権尊重の立場に加えて、歴史的定住原因、居住歴、さらには居住実態を尊重して決められるべきであったのである。周知のように、日本に居住する朝鮮人のほとんどは、日本の対朝鮮植民地政策の過程において、直接的または間接的に日本への渡航と定住を余儀なくされた人びとおよび日本に生まれ育ったその子孫である。そして、第二次大戦後は、日本の国籍を一方的に剥奪されたものの、労働と納税によって日本国民と全く「平等」に市民または住民として居住している。このような歴史および現実に照らして考えるならば、この人達の法的地位および処遇は、もっと血の通った決定があって然るべきであろう。

一九五二年四月、平和条約の発効に伴い日本の国籍を離脱する者の法的地位については、昭和二七年法律第一二六号により「……別に法律で定めるところによりその者の在留資格及び在留期間が決定されるまでの間、引き続き在留資格を有することなく本邦に在留することができる」(同法律第二条六項)とされた。これは、出入国管理令の定める在留資格が、自らの意思と目的を持って入国する外国人に与えるものであるため、戦前から日本に居住する朝鮮人にそのまま適用することははじめから不可能であり、もし適用するとすれば「永住」以外になかったからである。そして、一九六五年の韓日法的地位協定と今回の入管令改正に至るまで「一二六―二―六該当者」といわれてきているように、その法的地位はきわめて不安定なものであった。しかし、在日韓国・朝鮮人の法的地位については、国籍選択の機会が付与されるべきであったという議論は暫くおくとしても、はじめから「入管令」の適用対象から除外し、退去強制の適用からも除かれた本当の意味での「永住権」を付与して居住の安定をはかるのが、日本政府の歴史的・道義的責任ではなかっただろうか。

ところが、韓日法的地位協定によってはじめて「永住」が認められたが、しかし祖国の南北分断の悲しみは法的地位にも反映され、「協定永住」に拒絶反応を示した人びとは「一二六―二―六該当者」のままであった。そして今回の改正によって、本人が申請すればであるが、「協定永住」でない「一般永住」が許可されることになり、二つの「永住」の間には退去強制事由の差異が依然残されたものの、永住の一般化への方向にあることは確かになったといえる。

永住を文字通り理解するならば、もっとも安定した法的地位であり、いつまでも安心して日本に居住できるように思われる。だが、その実は、在留資格と在留期限なしに居住できるだけであって、出入国管理令が定める退去強制は、協定永住の場合は多少制限されるが、一般外国人と同じく適用される。

そもそも退去強制という制度は、自らの意思と目的に基づいて入国し短期的に在留する外国人が、居住国の法に触れる行為をした場合に、居住国の公序と国益に照らして判断し、当該外国人をその本国に強制的に送還する制度である。このように退去強制は、国家の主権的行為として行われるものであり、国際法上認められる行為であるが、それは決して無制限ではありえないこともまた確かである。つまり、退去強制という主権的行為も、前述した基準、すなわち当該外国人の歴史的定住原因および居住実態、そして、基本的人権の尊重によって制限されることは避けられないのである。とくに、国際人権規約の社会権規約第一〇条が定めている家庭および児童の保護と、同自由権規約第二四条が保障する児童の権利は、在日韓国・朝鮮人に対する退去強制の適用に際して必ず尊重されねばならない。

くりかえすならば、日本自らの行為の結果として定住し、家庭も職場も日本にある在日韓国・朝鮮人に、一般外国人と同じく退去強制を機械的に適用することは、当該外国人に刑罰と強制送還という二重の制裁を強いるだけでなく、その家庭の破壊を招来し、離散家族を生み、児童の権利を踏みにじる結果になるのである。したがって、在日韓国・朝鮮人に対する退去強制の適用は、歴史的定住原因に対する道義的責任と、当該外国人およびその家族の生活と人権を尊重する立場に立って、少なくとも「永住資格」を有する者には、国事犯を例外として原則的に廃止する方向に検討されることが強く望まれる。※〔その後、九一年日韓外相覚書により、永住者に対しては退去強制事由が緩和された。〕

次に、在日韓国・朝鮮人の居住権の安定化のために欠かすことのできないのは、外国人登録法の適用または運用の改善である。周知のように、外国人の実態を把握し適切な管理のために登録制度が必要であることは認めるとしても、指紋押捺の要請、常時携帯および提示の義務をかたくなに要求し続けることが、本当に必要かつ合理的理由に基づくものであり、外国人の人権尊重に照らしてみたとき妥当性を有するかどうか疑義が多く、論議をよんできた。

まず、指紋の押捺は、印鑑に代わる拇印の場合を除いて、犯罪人の逃亡または再犯の防止に備えて採取するのが社会的通念であるため、強制される側に屈辱を覚えさせる。それは、国際人権規約の自由権規約第七条が禁止している「……非人道的な若しくは品位を傷つける取り扱い……」に相当するものであり、「登録の一貫性を確保し、登録証明書の偽造・変造を防止するために必要不可欠である」という説明をもってしても、運転免許証または旅券など同じ必要性が伴う場合でも、指紋押捺なしに管理が可能である現状では、説得力を持つ合理性は見出せない。にもかかわらず、押捺義務の年齢引上げに止めようとする法務省の姿勢には、外国人の指紋を他の目的のために利用するのではないかとかんぐられてもやむをえないだろう。

同じことは、外国人登録証明書の常時携帯義務についても言えることであって、その必要性と合理性は、乏しいのである。入管当局はこの点について「……外国人について、その生活の場で即座に身分関係などを掌握する必要が生ずる場合に備え」るといっているが、今日のように情報伝達手段が発達しているとき、登録証がなくとも、市区町村への電話連絡だけで、まさに即座に把握できることは、一般日本人の市民が住民票を携帯していなくても身分関係の把握が可能であることによってもわかるのである。百歩譲って本当に必要であるとしても、外国人登録証がなければ所持できない身分証明書、たとえば運転免許証などの証明書だけで充分足りるはずである。にもかかわらず、運転免許証と外国人登録証の同時携帯を要求し、交通法規違反と登録証不携帯で二重の罰金を課すことが、本当に必要かどうか非常に疑わしく、早急に法改正による是正が望まれるのである。

さらに、登録証の常時携帯義務が内包するもう一つの問題は、当局による提示要求が濫用または悪用されることによって、いわゆる治安維持法的機能を果たす危険性を内包しているということである。そして、これは、「合法的にいずれかの国の領域内にいるすべての者は、当該領域内において、移動の自由および居住の自由についての権利を有する」と謳った国際人権規約の自由権規約第一二条一項の規定にも抵触する疑いがあることはよく指摘されるとおりである。

このように、登録証常時携帯義務は、指紋押捺の義務と並んで、定住外国人を潜在的犯罪人とみなして管理しているのではないかという非難を免れえず、在日韓国・朝鮮人の法的地位と居住の安定は、まずこの両制度の是正または改善によって図るべきである。※〔その後一九九九年に外登法が改正され指紋採取は廃止されたが、登録証の常時携帯は継続されている。〕

三 働く権利と就職差別

労働は、人間が人間に値する生活を営むために欠かすことのできない最も原初的な要求である。そして、働く権利および職業選択の自由は、二〇世紀の憲法が保障する社会権的基本権、さらには日本国憲法が保障する「健康で文化的な最低限度の生活を営む権利」すなわち生存権の享有にとって不可欠のものである。そのために、日本国憲法が労働の権利を保障し(第二七条)、労働基準法および職業安定法が国籍その他の事由による差別的取扱いを禁止しているばかりでなく、世界人権宣言(第二三条)、国際人権規約の社会権規約(第六〜七条)、さらにはＩＬＯが採択した雇用及び職業における差別に関する条約などの国際人権文書によっても保障されている。たとえば、日本が批准した国際人権規約の社会権規約第六条一項は「この規約締約国は、労働の権利を認めるものとし、この権利を保障するために適当な措置をとる。この権利には、すべての者が自由に選択し又は承諾する労働によって生計を立てる機会を得る権利を含む」と規定し、労働の権利の内容および締約国の保障義務を明らかにしている。このように、労働の権利および職業選択の自由は、基本的人権であって、内外人を問わず差別なくすべてのものに保障されるべき性質の権利である。

さてそれでは、在日韓国・朝鮮人の働く権利と職業選択の自由は、差別されることなく保障されてきたであろうか。周知の如く、答えは否定的で、在日韓国・朝鮮人の働く権利は、歴史的にそして今日においても、不合理な制限、または差別を受けているのが実状である。このことは、一九七六年の『入管白書』が自ら明らかにしているように、約六七万人の韓国籍・朝鮮籍を持つ人のうち、四〇万人近い人びとが無職または職業不詳であり、残りの人びともほとんどが自由業または単純労働者であるという事実が物語ってくれる。

このように、国籍だけを理由にした就業または職業の不合理な差別には、外交官、弁理士、公証人などのように、従来から明文の法律規定によって外国人を排除している職種と、教員を含む公務員のほとんどの場合のように、明文の法律規定はないが、公務員の当然の法理によって導かれるとする「幻」の法理によって、一般的に排除されてきたものがある。

まず、明文規定によって外国人を排除している職種であるが、国家を代表し国家機密に直接触れる外交官などは当然であり、合理性が認められるとしても、たとえば「……市町村議会の議員の選挙権を有する住民」と規定して、実質的に日本国民に限定している人権擁護委員または教育委員などのように、外国人を排除する職種または積極的採用が認められない職種が多いのである。したがって、労働の権利の本質および国籍による差別を禁じている国内法、さらには国際人権規約に照らして、従来の外国人排除が合理的差別であるかどうかを再検討し、合理性の乏しいものは法改正または新しい立法措置によって是正されるべきである。

このように、不合理ではあるが法律の明文規定によって外国人を排除している場合は、法治主義の立場からすれば、まだ納得できるとしても、明文の法律ではなく、一行政当局の見解または公務員の当然法理という不明確な論理によって、外国人を公務員から一般的に排除することは、法治主義の立場からも、外国人の人権尊重という立場からも是認されることは困難である。

すでに、外国人の国公立大学教員任用問題をめぐる議論の過程で一般的に知られているように、外国人の公務員就任能力に関する一九五三年三月に示された法制局見解にはじまり、その後一貫して外国人を排除するための論拠として用いられてきたのは、「公権力の行使又は国家意思形成への参画」にたずさわるためには、日本国籍を要するという論理である。この論理が内包する問題点については、すでに議論されかつ明らかになっているが、ここでは重要と思われる二、三点を指摘しておくだけに止める。

まず第一点は、明文の法律規定ではなく、一行政当局の見解を根拠に、労働の権利という基本的人権を制限することは、法治主義の根本に違背するということである。その第二点は、具体的にどのような職種が公権力の行使または国家意思の形成に携わるか明示することなく、外国人を一般的に排除しているのは、はじめから外国人の働く権利を否定するものであり、不合理な差別であるということである。そして第三点は、「公権力の行使」という概念を、国または公共団体がその権限に基づく統治作用としての優越的意思の発動として行う権力作用に止まらず、国または公共団体の非権力作用も内包されるとする権利救済のための論理を、権利制限のためにそのまま適用しているということである。そのために、大学教員および小中学校の教員、さらには地方自治体の一般事務職までも公権力の行使に当たるとして、外国人の任用を拒否し続けてきた。

しかし、まずはじめに、「公務員は国民全体の奉仕者である」という今日の公務員制度の本質に照らし、外国人の基本的人権の尊重という基本認識に基づいて、国籍を理由にした任用拒否は合理的理由に基づき必要最小限に止め、しかも明文の法律規定によるべきものである。そしてつぎに、右のことから導かれる当然のコロラリーとして、「公権力の行使」または「国家意思の形成」という基準は、可能な限り狭く解釈して適用し、法律上または行政上、具体的にどのような問題があるかを明示できない限り、内国人との差別を設けることはできないといわねばならない。

こうした立場に立って考えるならば、外国人の任用に伴う具体的問題を明示することもなく、「公権力の行使」という基準を機械的に適用し、それを「隠れミノ」にした教育公務員任用の拒否は不合理な差別であり、同一の憲法によって支配されながら、ある自治体は任用しているのに他の自治体が任用できないということは、自治体の政策による基本的人権の侵害であり差別である。このような不合理な差別による働く権利の否定を是正することは、民間企業による外国人採用を促進する効果をもたらすためにも、一日も早く改善されることが望まれる。※〔その後、近畿一円の自治体は、消防職など限られた職種を除いて職員採用の門戸を開いたが、全国的にはまだ国籍条項に基づき外国人を排除している自治体が多い。〕

四　社会保障と生存権

社会保障の制度的発達およびその政治的・経済的背景については、いろいろ議論の多いところであるが、ここで確認しておきたいことは、社会保障に対する権利は前に見た働く権利と同様、あるいはそれ以上に、人間に値する生活を営むために欠かせない権利であって、いわゆる生存権的基本権として国内法および国際人権条約によっても承認されているということである。日本国憲法第二五条が「すべて国民は、健康で文化的な最低限度の生活を営む権利を有する」と定めているのもこうした理由にほかならない。そして、病気、老衰または失業など、自己の意思に反して働けなくなったために「健康で文化的な生活を営む権利」を享有できないときに、社会構成員間の相互扶助と国家または社会からの援助によって、この権利の享有を保障しようとするのが広い意味での社会保障である。

したがって、この権利の帰属主体は、国籍を有する国民でなく、当該社会に居住し労働と納税によってその社会の構成員ないしは住民となっているすべての個人である。日本の国民年金法が、受給資格要件として「日本国籍」だけでなく「日本に居住する」ことを要求しており、世界人権宣言が「何人も、社会の一員として社会保障を受ける権利を有し」(第二三条)ていると規定しているのもこうした認識に基づくものである。さらに、国際人権規約の社会権規約第九条が「この規約の締約国は、社会保険その他の社会保障についてのすべての者の権利を認める」と規定して、社会保障に対する権利が、国民だけに留保された権利でなく社会構成員一人ひとりが享有すべき基本的人権であることを承認している。

ところが、在日韓国・朝鮮人の社会保障に対する権利は、一九六五年の「韓日法的地位協定」によって、生活保護および健康保険の適用がみとめられたものの、国際人権規約および難民条約の批准に伴う改善措置までは、戦後三十数年間そのほとんどが否定され続けてきた。こうした外国人の社会保障に対する権利の否定は、国庫負担を担う外国人の生存権保障は本来、当該外国人の本国によって保障されるべき性質のものであり、居住国つまり日本が保障しなくてもよいという論理に支えられていた。このような論理は、すでにみたように社会保障に対する権利の本質を見誤っており、「国庫」とは国民だけでなく外国人を含むすべての住民が納める税金から成り立っている事実に目をそらし、意図的に外国人の生存権を否定しようとするものである。

このように、従来の外国人に対する社会保障否定は基本的に誤っており、不合理な差別による人権否定であって、国際人権規約批准後ただちに是正されるべきであったのである。ところが、国際人権規約の社会権規約が「漸進的達成」を認めていることを理由に遅らせていたのを、難民条約の批准に伴ってようやく、国民年金法および児童手当法などの改正による国籍条項の撤廃が行われた。そしてこのことだけをみるならば、画期的なこととして高く評価すべきであることは誰ひとり否定しないだろう。

しかし、今回の改正が従来の誤った措置に対する反省と、外国人の人権尊重という認識に支えられているかは非常に疑わしい。なぜなら、今回の国民年金法改正によって同法の適用対象者となるのは、三五歳以下の者に限定され、三五歳以上は適用から除外して、いわゆる「三五歳以上切り捨て」をやってのけたからである。三五歳以上の在日韓国・朝鮮人、とくに年金受給資格年齢に当たる六〇歳以上の人たちは、繰り返し触れるように、戦前、日本の対朝鮮植民地政策および太平洋戦争遂行の過程で、日本への渡航を強いられ、低賃金と重労働に虐げられ、さらに戦後は労働と納税によって日本の発展に寄与し、そして今は年老いて働けなくなった人びとである。こうした人達の老後の生活は、日本政府および社会全体が責任を負わねばならない。にもかかわらず、沖縄返還の際には経過措置をとりながら、今回は経過措置をとろうとせず、いま本当に年金を必要とする人びとを除外することは、国際人権規約および難民条約の基本精神に抵触するばかりか、この人達に対する日本政府、いや日本社会全体の歴史的・道義的責任にも反するものであって、当事者はもちろん、良識ある者すべてに憤りを覚えさせる行為である。「自ら蒔いた種は自ら刈り取る」という世俗的常識からしても、ぜひ、経過措置をとるべきであり、日本政府の再考を強く促したい。

五　民族教育の保障――むすびにかえて

人権の国際的保障という国際社会からの圧力と、当事者の権利闘争によって、問題を残しつつも、従来の法的・制度的差別が撤廃され、法的地位も「永住」の一般化という方向にあり、生活の安定は改善される見通しである。

しかし、聖書の言葉を借りるまでもなく、「パンだけでは生きられない」ことは在日韓国・朝鮮人にとっても同じである。つまり、法的地位の相対的安定、社会保障の一般的適用による生活の安定化は達成されたとしても、精神的「糧」である民族教育の保障なくして、真の安定はありえない。日本政府の対朝鮮人政策は、一貫して「差別と同化」であるといわれるように、在日韓国・朝鮮人の民族教育を阻害してきた。そのため、差別の撤廃も永住の許可も、同化に拍車をかけることになるという危惧が抱かれ、「帰化しやすい環境づくり」であるとさえいわれた。たしかに、単一民族国家の「幻」を追い求め、異質な要素を認めようとしない日本政府は、そうした効果を意図し期待していたことは想像に難くない。しかし、生存権保障の要求は、在日韓国・朝鮮人の人間に値する生活を否定しない限り、誰ひとりとして非難できない。問題はむしろ、従来否定されてきた民族教育を、国際人権規約が保障する人権および自決権として承認し、法的・制度的保障を求めると同時に、民族自らが、従来の民族教育に対する反省と今後の民族教育のあり方について、主体的に取り組むことができるかどうかである。

つまり、国際人権規約の両規約ともその第一条において「すべての人民は、自決の権利を有する。この権利に基づき、すべての人民は……文化的発展を自由に追及する」と謳い、社会権規約第一三条では「教育についてすべての者の権利を認め」「この条のいかなる規定も、個人及び団体が教育機関を設置し及び管理する自由を妨げるものと解してはならない」と規定し、さらに自由権規約第二七条が、少数民族に対して、自己の文化を享有し、自己の言語を使用する権利を保障していることを支えに、民族教育の合法性とその保障を要求することと併せて、民族自らの意思と力による教育を強化するために努力することが重要な課題となっている。言い換えると、差別と同化を非難してきた民族自らの力量がいま問われようとしている。

最後に、従来の法的・制度的差別を支えてきた日本人の心の中の差別をなくすためには、あらゆる場での教育、とくに学校教育における反差別教育の徹底が必要である。この点については日本政府自ら、国際人権規約の中で「教育が……諸国民の間及び人種的、種族的又は宗教的集団の間の理解、寛容及び友好を促進すること……を可能にすべきことに同意」していることを指摘するに止めておくことにしよう(姜在彦・金東勲共著『在日韓国・朝鮮人——歴史と展望』労働経済社、一九八九年、参照)。

2 在日韓国・朝鮮人の法的地位と国際人権法

はじめに

日本に在住する韓国・朝鮮人六九万は、さまざまな意味で重要な岐路または転機に立たされているといえる。つまり、一方では、日本に生まれ育ち、祖国・民族を観念的にしかとらえられない二・三世がそのほとんどを占め、敗戦前の皇民化政策の延長線上にある敗戦後の同化政策が招来した、いわゆる「同化の潮流」の真っ只中にあって、将来の生きるべき方向を定めきれずに迷い、漂い続けている。また他方にあっては、「国際化の潮流」、なかでも人権保障の国際化に伴って、日本社会の閉塞性または排他性が問われ、人間平等＝内外人平等の実現を目的とする国際人権諸条約による不合理な差別撤廃が、遅々として進んではいないものの、少しずつ撤廃される可能性が生まれ、韓国・朝鮮人側に、このような意志と努力がありさえすれば、民族として生き残れる状況が醸成されつつある。このように、在日韓国・朝鮮人がおかれている今日的状況は、「民族離れ」と「同化」という否定的な側面と、人権保障の国際化による内外人平等、あるいは民族間の平等に基づく権利保障の達成が可能であるという肯定的側面を併せ持っている。そして、こうした状況は、韓国・朝鮮人の法的地位のあり方にも大きな影響を及ぼしてきており、また今後とも及ぼし続けることは間違いない。つまり、居住国である日本政府および本国政府、そして当事者である在日韓国・朝鮮人が、法的地位の内容を決定する際、「二律背反」的様相を呈している今日的状況をどのように理解し判断するかによって、その内容が大きく変わることは必至である。

そして、従来、日本政府の一方的判断、あるいは韓日両政府間の合意によって決定されてきた法的地位の内容に、当事者である在日韓国・朝鮮人自らの意思と努力に基づき、国際化によって作られた状況、特に国際人権諸条約の基本精神と内容をどの程度まで反映させることができるかは、韓日法的地位協定の再協議を控え、重要な問題である。言い換えるならば、差別と管理によって同化をせまる法的地位を甘受するか、あるいは、内外人平等と民族平等を基本原則とする国際人権法に則り、人権と民族性の尊重を内容とする法的地位にするかは、在日韓国・朝鮮人が当面する最大の試練である。こうした課題と試練を克服するためには、過去そして現在の法的地位の内容および問題点を再検証し、二一世紀を展望した法的地位はいかにあるべきか、その内容を積極的に提示していく作業が必要であろう。

本章では、こうした視点に立ち、韓日法的地位協定およびその後の法的地位を、日本政府がすでに批准した国際人権規約ならびに近い将来加入すると予想される人種差別撤廃条約に照らして吟味し、今後のあるべき法的地位を概観してみたい。

一　歴史的定住原因と法的地位

通常、一国の国内社会に居住する外国人は、自らの意思と目的を持って当該国に入国し、その目的にしたがって在留資格または法的地位が認められ、かつ決められる。ところが、在日韓国・朝鮮人は、すでに言い古されたことだが、日本の植民地支配および侵略戦争の過程で、当該個々人の意思と目的とは関わりなく、日本の国家的都合と目的により、日本への渡航と居住を強いられた人々であり、その子孫である。しかも、在日韓国・朝鮮人は、一九四五年八月一五日、その祖国が日本の植民地支配から解放された後も、対日講和条約が発効する五二年四月二八日まで、日本国籍を有する日本国民という地位を押し付けられていた。もっとも、この間、つまり四五年八月一五日から五二年四月二八日まで、日本国民として処遇されなかったことは、四七年の「外国人登録令」第一一条が「……朝鮮人は、この勅令の適用については、当分の間、これを外国人とみなす」(傍点は筆者)と規定していることが如実に物語ってくれる。そして、五二年四月二八日の講和条約発効に伴い、当事者の意思または願望を問うこともなく、法務省の見解により、一方的に日本国籍を剥奪しては、名実共に「外国人」としたのである(法務資料第三〇八号「日本に在留する非日本人の法律上の地位」、一九四九年一二月、法務府)。

しかし、旅券を所持し、自らの意思と目的を持って入国する外国人を適用対象とする「出入国管理令」によって、昨日まで日本国籍を有していたと日本政府自ら認めていた韓国・朝鮮人の法的地位を決定することは、当然のことながら不可能であった。もし、可能であったとすれば「永住」という在留資格と内国民待遇しかありえないはずであった。このことは、日本政府の目的と必要によって日本への渡航を強いられ、奴隷状態に等しい強制労働を強いられたことに対する歴史的・道義的責任と、日本国籍を有しながら長期的に定住しているという居住実態から導かれるべき当然の論理的帰結である。しかし、日本政府は、永住を認めず、いわゆる法律一二六号第二条六項で、「……別に法律で定めるところによりその者の在留資格及び在留期間が決定されるまでの間、引き続き在留資格を有することなく本邦に在留することができる」と定め、一時的かつ不安定な法的地位を、これまた一方的に押し付けた。この法律の文言および当時の政府当局の見解によれば、これはあくまで暫定的措置であり、やがては安定した法的地位つまり永住権が認められるものと理解もされた。しかし、周知のように、一九六五年「韓日法的地位協定」が締結されるまで、実に一三年間も不安定のまま放置されることになる。こうした措置には、日本自らの行為によって招来した結果に対する反省または道徳的責任は微塵もみられない。つまり、日本政府は、在日韓国・朝鮮人の法的地位の決定を終始一貫して自らの都合と論理によってのみ一方的に行ってきており、避けて通れないはずの歴史的・道義的責任に依拠して行うことは決してなかったのである。こうした態度は、人権の享有および社会保障の面において、国籍だけを理由にした不合理な差別を執拗に維持し続けてきたことにも明白に認めることができる（大沼保昭「在日朝鮮人の法的地位に関する一考察」（一）（二）（三）（四）（五）『法学協会雑誌』、第九六巻三・五・八号及び同第九七巻二・三号）。

二　韓日法的地位協定と今後の法的地位

右にみたように、法律一二六号によって与えられた暫定的法的地位は、不安定であるばかりか、人権の享有と生活権の保障によって裏付けられたものでもなく、「煮て食おうと焼いて食おうと勝手だ」といってはばからなかった法務省官僚の暴言が示すように、恣意的に差別され抑圧される無法・無協定の状態が一九六五年まで続いた。そして、祖国が分断されたままの状況の中で締結された「韓日法的地位協定」は、さまざまな問題を惹起させ、かつ残しつつも、二〇年近くの「無協定時代」に一応の終止符を打つことになった。もっとも、その内容は直接利害関係者である在日韓国人にとって満足すべきものではなく、とくに当然認められるべき「内国民待遇」は議論さえなかった。法的地位協定が発効して二〇年という節目を迎えた現時点において、いま一度その内容を検討し、今後のあるべき法的地位を考えることにしよう。

1　法的地位の再評価

①協定永住　法的地位は、その第一条において、敗戦前から居住者つまり法律一二六号該当者、および協定発効後五年以内(一九七一年一月一六日まで)に出生した者ならびにその子どもが、永住許可を申請したときはこれを認めると謳って、部分的ではあるが法的地位の安定化を図った。しかし、この「永住」という法的地位は、先に触れたように、歴史的定住原因および居住実態に即して考えるなら、むしろ遅きに失したとさえいえるものであり、その中身も、退去強制の自由が若干緩和されたことを除けば、法律一二六号該当者と何ら変わるものではなかった。それればかりか、協定締結に反対した人びとは永住許可申請をしなかったために、定住原因と居住実態を同じくする同一民族の間に法的地位の分離が行われ、祖国の分断がもたらした悲劇をさらに増幅させることになったのである。

②生活保護と国民健康保険　さて、さまざまな副産物を伴いながらも一応の安定化を図った「協定永住」という法的地位は、額面通り理解するならば、永住にとって必要な諸条件、とくに基本的人権の享有と生活権の保障によって裏付けられて然るべきであった。ところが、当時、日本国民には二〇〇項目

に近い社会保障・社会福祉を認めながら、韓国・朝鮮人には僅か二項目しか認めず、しかもそのうち生活保護はそれまでも認めており、法的地位によって新しく認められたものは国民健康保険だけであった。つまり、一方では「永住」を認めながら、他方では「永住」のために必要な生活権は保障しないという自己矛盾をはらみ、とくに「……日本国の社会と特別な関係を有するに至っていることを考慮し……」「……安定した生活ができるようにする……」と謳っている法的地位協定の前文の精神が実体規定の中に反映されずじまいであった。

③公立学校における教育保障　つぎに法的地位協定の合意議事録は、協定第四条が触れる教育問題について、永住許可者が「……公の小学校又は中学校へ入学することを希望する場合には、その入学が認められるよう必要と認める措置をとり……」（傍点は筆者）と謳って、公立学校における教育を保障している。しかし、この合意議事録を文言どおりに理解すれば、永住を許可されていない者は公立学校への入学を認めなくてもよいということになり、子どもの教育を受ける権利を尊重する立場に立った人権感覚はまったく欠落している。このことは、協定発行後に「希望する場合」という文言を理由に、就学通知を出さなかったり、あるいは不当な誓約書を添付させるなど、子どもの人権を無視した差別的取扱いが横行したことが如実に示している。しかも、当時すでに、民族学校の閉鎖と不認可などの民族教育否定により、ほとんどの韓国・朝鮮人児童が日本の公立学校において同化教育を強いられていた状況を法的地位協定は追認する結果にさえなったのである。このことは、協定発行直後の文部次官通達が、韓国・朝鮮人児童の民族性を涵養するための特別扱いは認めないという民族教育否定の方針を再度打ち出したことから

もいえる。

2　今後の法的地位

韓日法的地位協定は、右にかいつまんでみたように、法的地位の安定化を図ったと一応の評価はできても、民族間に法的地位の分断を招来し、永住に相応しい生活権の保障からはほど遠いものであった。したがって、今後の法的地位を考える場合、法的地位協定の内容およびその効果を吟味しなおすことが必要であり、なかでも、右にみた法的地位の分断と生活権保障の欠落は、今後の課題の中心になることは必至である。つまり、現在、協定永住および一九八二年の入管令改正によって認められた特例永住、さらには一般永住など、それぞれ名称と条件は差異があるものの、永住の一般化という相対的に安定した地位にあるといえる。しかし、協定永住者の三代目および特例永住者の子孫であって八七年一月一日以降に生まれる者の法的地位は、必ずしも定かではない。ただ、一般永住が認められるものと推測されるが、たとえそうだとしても、協定永住の内容から後退することは間違いなく、不十分とはいえ、折角の既得権さえ失うことになる。従って、法的地位協定の再協議(一九九一年一月一六日まで)を契機に、協定永住より優るとも劣らない法的地位を次の世代に保障させるべきである。その際、居住歴と居住実態に即して、日本で生まれた者ははじめから一律にかつ覊束的に永住を認めることと並んで退去強制の適用を原則的には撤廃し、そうでない者は居住歴に基づいて永住資格を認め、退去強制も国事犯にかぎって例外的に適用するよう強く求めていくべきであろう。この場合、居住歴をどの程度の年限にするかは難しい問題であるが、国籍法が帰化の条件とする引き続き五年間居住していることが一つの目途になろう。また、居住実態は住民として労働と納税の義務を果たしていることを認められれば充分であろうと思われる。※〔一九九一年一月二〇日、再協議の結果、合意した日韓覚書は、三世以下の人びとにも永住を認め、退去強制は内乱・外患の罪など国事犯に限定し、指紋押捺も廃止することを謳っている。〕

もっとも、こうした要求が受け容れられるためには、その前提として、従来の純血主義ないしは血統主義的発想から、多民族・多文化社会または生地主義的発想への転換が必要であることはいうまでもない。このことは、したがって、日本の国際化の行く末が問われる問題でもあるといえる。さらに、一九六五年の日韓協定が保障しなかった「永住」を担保とする人権と生活権の享有を、内実の伴った真の意味の永住を権利として確保すべきである(飛田雄一「入管令改正と在日朝鮮人の在留権」『季刊　三千里』二八号、大沼保昭「在日朝鮮人と出入国管理体制」『季刊　三千里』三九号)。

三　国際人権法と法的地位の内実化

1　非差別・平等の原則と外国人の地位

伝統的国際法は、「外国人が私生活を営むために必要な最小限の権利を保障しなければならない」という一般的な原則を定めているが、個々の国家が具体的にどのように処遇するかは、外国人の本国との間で結ばれる二国間取り極めまたは相互主義に委ねてきている。しかし、この二国間の取り極めあるいは相互主義のいずれも、国家間の力関係もしくは人権の保障能力によって取り扱いの内容が異なり、同一国家に居住する外国人でありながら、その国籍によって処遇の内容が違うことになって、いわば差別的処遇を容認してきたのである。このことは、在日韓国・朝鮮人と在日米国人との間に、国民年金加入をめぐる差別的取り扱いがあることにその具体例をみることができた。また、相互主義とは、外国人の本国に居住する自国民に認められる処遇の同じ処遇を当該外国人に認めればよいということから、例えば先進諸国と発展途上国との間では、特に保障能力に差異が大きい社会保障につき、外国人はその本国の保障能力によって異なる処遇を受けることになる。

しかし、国際人権法は、国籍、人種または民族などの違いを理由にする差別を否定し、すべての人間の平等を達成しようとする、いわゆる「非差別・平等」をその基本原則としており、国際人権規約などの国際人権法の保障する人権と基本的自由については、相互主義または二国間の取り極めを理由にする取り扱いの差異はもはや認められない。したがって、在日韓国・朝鮮人の法的地位についていえば、韓日協定が規定していないとか、韓国・朝鮮に居住する日本国民に保障していないなどを理由に、国際人権規約が定める権利の保障を拒否できなくなったのである。

つまり、在日韓国・朝鮮人の今後あるべき法的地位の内容は、二国間の協定ばかりでなく、日本がすでに批准した国際人権規約の内外人平等、さらには近い将来加入すると思われる人種差別撤廃条約の人種または民族間の平等など、非差別・平等の原則に照らして決定し、従来の不合理な国籍差別または民族差別を撤廃する義務が日本政府に課されているのである。とくに、支配と管理だけが著しく目立っている定住外国人行政を是正して、人間の尊厳と民族的諸権利を尊重する行政へと転換を図ることが何よりも緊要である。

それでは次に、国際人権規約および人種差別撤廃条約の基本原則および内容に照らして、どの程度までに「定住」という法的地位の内実化が達成できるか、あるいは達成できたか概観してみることにしよう。

2　内外人平等の原則と韓国・朝鮮人の人権

さきに触れたように、国際人権法のなかでも日本がすでに国内社会に法として受け容れた国際人権規約が保障する人権と基本的自由に関する限り、明文規定が外国人に対する区別又は差別を認める場合を除き、国籍または民族などの事由に基づく差別は一切禁止されている。したがって、社会権規約(A規約)第二条三項が認める開発途上国における外国人の経済的権利、そして自由権規約(B規約)第二五条が市民(=国民)の権利として保障する参政権および公務につく権利を除く、その他の規約上の権利について、規約当事国である日本は、国籍もしくは民族を理由にする立法、行政その他すべての分野における差別を撤廃する義務がある。このことは、国際法規または条約の遵守を求めている日本国憲法第九八条二項によっても明確にいえる。つまり、一九七九年九月、国際人権規約が日本国に対し、その法的効力を発生してから七カ年を経過した現時点にあっては、国際人権規約が保障する人権について、あらゆる不合理な差別、なかでも韓国・朝鮮人に対する国籍差別又は民族差別はすべて撤廃されていなければならないはずである。しかし、遺憾ながら現状はこうした差別の完全撤廃と内外人平等の原則の達成まではほど遠いようである。

もっとも、国際人権規約の批准と完全実施を求める市民または当事者の運動によって、公営住宅の入居拒否、児童手当などを含む社会福祉の適用除外、あるいは教育職を含む公務員任用拒否、さらに国民年金への加入拒否など数知れないほどの不合理な差別の全部または一部が撤廃されてきたことは否めない事実であり、評価すべきことであることは確かである。しかし、国民年金制度の適用において必要であった三五歳以上の人々および障害者に対する経過措置、公務員の任用とくに地方自治体による教員任用、さらには外国人登録の問題などには、依然として不合理な国籍差別を維持し続けていることは周知の通りである。

こうした不合理な差別は、一方では日本社会の住民として「永住」することを認めておきながら、他方ではこの社会に生まれ育ち、あるいは永年居住しながら、内国住民と同じく労働と納税の義務をとおして社会の発展に寄与している定住外国人に、国籍だけを理由に働く権利および社会保障など、まさに「永住」にとって欠かすことのできない生存権の保障を拒否するという自家撞着の行政を露呈するものであり、理不尽な差別以外のなにものでもない。こうした従来の自家撞着的行政から脱却するためには、国籍だけを連結素とする「国民共同体」的志向から、居住もしくは定住の実態に即した「住民共同体」的志向へと発想の転換を図ることが必要であろう。この発想の転換は、従来の不合理な外国人行政とくに現在、当事者はもちろん日本社会の各方面から強く求められている外国人登録法の改正にとっていっそう必要である。つまり、同じ社会の住民として、日本人住民となんら変わることなく平和裡に定住している外国人住民に、日本人住民の住民基本台帳法と同様基本的には住民登録と認められる外国人登録法の適用または運用において、日本人住民には課さない指紋押捺義務と登録証の常時携帯義務を押し付けることは、やはり「定住外国人」をこの社会の住民とは認めようとしないことに起因する。このように、その人間の尊厳を否定し潜在的犯罪者と看做して、支配と管理だけを重視する行政をいつまでもふりかざすような社会では、国際人権法が求める非差別・平等の達成は到底望むべくもない。

くり返すならば、少なくとも日本政府自ら、この社会に「永住」することを認めた定住外国人には、働く権利と職業選択の自由を尊重し、公務員任用の門戸を解放するなど、内国人住民と平等な行政を施すべきである。とくに外国人登録法によって支えられてきた支配と管理だけが目立つ行政を是正しない限り、真の内外人平等または住民平等は、この社会には永遠に実現しない。

3　人種または民族平等と韓国・朝鮮人の民族的基本権

国際人権法は、人間平等＝内外人平等の達成をその究極的目的とし、非差別・平等を基本原則としていることはくり返し触れてきた。この非差別・平等の原則から導かれる当然の論理的帰結でもあるが、国際人権法は、人種または民族に対する差別を除去し、人種・民族平等を達成するために多数の条約を採択し、そのために必要な具体的義務を締約国に課している。

このことは、国際人権規約のA・B両規約ともに、その第二条において、人種または民族的出身に基づく差別を禁止し、また、差別撤廃の基本文書ともいえる人種差別撤廃条約も、その第一条において、撤廃すべき人種差別として「民族的または種族的出身」に基づく差別を明示していることからもわかる。そして特に後者の人種差別撤廃条約は、自民族の優越性を主張して他民族に対する支配と差別を正当化しようとする人種主義（Racism）の廃絶を目指している。日本社会において長年にわたって維持され、はびこっている韓国・朝鮮人に対する民族差別も単一民族信仰または脱亜入欧思想にみられるように、日本民族の優越感と他民族の後進性を理由にした差別であることは誰しも否定できない。そして、今日においても、民族性の表現であり、かつ基本的人権である本名の使用を認めず、婚姻差別、就職差別、さらには国籍差別にいたるまで、ほとんどがこうした思想に基づく民族差別である以上、日本政府が人種差別撤廃条約に加入した後における最優先課題も、民族差別の完全撤廃であり、日本社会における異民族間の平等と共存を達成するために努力することになるのは必至である。

このような異民族間の平等と共存を達成するためには、差別撤廃という消極的措置だけでなく、個々の民族集団の主体性、つまり民族固有の文化と伝統を尊重し、その文化と伝統を継承し、維持・発展させる権利の保障が伴わなければならない。こうした努力は、国際人権規約が、まずその第一条において、「文化的発展を追求する権利」を民族の自決権として尊重を義務づけ、そして次に自由権規約第二七条において、少数民族が自己の文化を享有し、自己の原語を使用する権利を否定されないと謳って、規約当事国がその国内社会のマイノリティの民族性を尊重するよう義務づけているように、国際人権法によっても求められている。

しかし、在日韓国・朝鮮人は、戦前の皇民化政策そして戦後の同化政策によって、一貫してその民族性を否定され続けてきており、民族として生きつづけることを拒まれている。こうした日本政府の基本姿勢は、国際人権規約を批准し、在日韓国・朝鮮人の大多数に「永住」という法的地位を認めた今日においてすらも変わる気配を見せない。こうした態度は、韓国・朝鮮人児童の約八〇%が就学している日本の公立学校において、これらの児童が民族性を維持しながら日本人児童と民族的に共存するために必要な民族教育を保障しようとしないことに端的にあらわれている。在日韓国・朝鮮人が日本社会に「定住」するためには、さきにみた国際人権法と生活権の保障と並んで、民族的基本権つまり自民族固有の文化と伝統を継承・維持し発展させる権利が尊重され、保障されることが必要である。したがって、永住という法的地位の内実化は、同化政策の撤廃と民族的権利の保障を確保することによってはじめて可能であるといえる。

おわりに

以上、在日韓国・朝鮮人の法的地位を、一九四五年の終戦から六五年の韓日法的地位協定までの二〇年、そして韓日協定から今年までの二〇年、あわせて四〇年間の法的地位の決定過程、およびその問題点と課題をかいつまんでみてきた。そして、無法・無協定時代の不安定な法的地位から法的地位協定による相対的安定化へと進み、今日においては、若干の差異はあるものの「永住」の一般化へと進展してきており、今後の課題は、近い将来に行われる法的地位協定の再協議と国際人権規約をはじめとする国際人権法の受容を最大限に活用して、在日韓国・朝鮮人の人権と民族的諸権利が尊重され保障される法的地位に高め、真の意味の永住権を確保しなければならないことを確認できた。いいかえると、人権と民族的諸権利の保障を伴わない「永住」は、同化政策を進めるための欺瞞の策でしかないと断言しても誤りではない。

最後に「在日」の法的地位を考える場合に見逃せないことは、何万人とも言われる潜在的居住者の問題である。やはり、国際人権法なかでも難民条約の基本精神と人道的見地にたった救済措置が取られるよう、あらゆる機会を捉えて訴え続けていくべきであろう。

3 人種差別撤廃条約と在日韓国・朝鮮人

一九六五年一二月二一日、国連第二〇回総会において採択された「あらゆる形態の人種差別撤廃に関する国際条約」(以下「人種差別撤廃条約」と略称)は、現在一二二カ国がその当事国となっており、一九を数える国際連合関係の人権条約の中で、最も多い当事国を擁している。ところが、これだけ多数の国家が当事国になっているこの条約を、「大国」日本はまだ批准していない。ただ、いま日本社会において議論が沸騰している男女雇用機会均等法制定の契機になった女性差別撤廃条約と並んで、人種差別撤廃条約の批准を求める運動も日ごとに高まり、日本政府も、批准のための準備作業に取りかかっていることを、国会答弁の中で明らかにせざるをえなかったことは周知のとおりである。

しかし、この条約が日本社会に受け容れられた場合、日本社会の人権状況とくに在日韓国・朝鮮人の人権状況に、どのような具体的変化をもたらしうるかは、必ずしも定かでない。ただ、たしかにいえるのは、国際人権規約に優るとも劣らない影響を与えることが、差別をなくす面において予想されるということである。そのため、人種差別撤廃条約の内容と意義を理解し、在日韓国・朝鮮人の差別状況に照らして吟味しておくことは、今後の差別撤廃運動にとって必要かつ重要であろうと思われる。

本章では、こうした観点に立って、人種差別撤廃条約を在日韓国・朝鮮人との関わり合いの範囲内で、その内容をかいつまんで紹介しつつその意義を確認することにする。※〔金東勲『解説　人種差別撤廃条約』一九九〇年、解放出版社、参照。〕

一　人権の国際的保障と人種差別

第二次大戦後の国際社会が個人の人権を一般的に保障するようになった直接的な契機は、ナチス・ドイツの人種主義(Racism)によるユダヤ民族の迫害と虐殺であった。また戦後の国際社会でも、国家および個人の最も多い関心を惹いて、その是正が強く求められているのは、南アフリカ政府の白人優越主義に基づく有色人差別、つまりアパルトヘイト(人種隔離主義)であることも、周知のとおりである。つまり、特定の人種または民族的集団に対する差別と人権侵害が、歴史的にもまた今日においても、国際社会の最大関心事であり、こうした行為は国際社会における犯罪と規定し、その抑止と処罰のために、一九四八年には「集団殺害の防止及び処罰に関する国際条約」(通称「ジェノサイド条約」)を、さらに一九七三年には「アパルトヘイト罪の抑止及び処罰に関する国際条約」を採択・成立させてきた。また、「国際人権法」および「国際人権規約」も、人種その他の事由による差別の禁止を基本原則として掲げており、個人または個人の集団に対する差別の禁止と撤廃は、現代国際社会が当面する最大の課題であり、また一般国際法上の基本原則にさえなったといっても誤りではない。

ところが、このような国際社会の努力に真っ向から挑戦するかのように、一九五九年から六〇年にかけて、ナチズムの再現を思わせる事件が欧米諸国で続発した。つまり、ナチズムの象徴である「かぎ十字」の文字を書きたてたり、反ユダヤ主義を煽る集団、つまりネオ・ナチズムの活動が活発化してきた。こうした状況に対する国連の反応は素早く、一九六〇年一月には、国連人権委員会そして経済社会理事会がネオ・ナチズム活動を非難する決議を採択し、国連総会に対しても必要な措置を取るよう要請した。総会はこの要請を受けて、同年一二月にはまず、人種的、宗教的および民族的憎悪のあらゆる表現と慣行を非難し、すべての国家が防止措置を取るよう求めた。そして一九六二年第七回総会において、あらゆる形態の人種差別の撤廃に関する宣言および条約を、採択・成立させることを決議した。そして、差別防止および少数者保護に関する小委員会によって準備作業が進められ、まず一九六三年一一月二〇日には「人種差別撤廃宣言」が採択され、さらに一九六五年一二月二一日は「人種差別撤廃条約」が第二〇回総会において満場一致で採択され、一九六九年一月四日には効力を発生した。

二　「人種差別」と民族差別

1　「人種差別」とは

右にみたように人種差別撤廃条約は、その成立過程だけを見るならば、ナチズムつまり人種主義(Racism)に基づく差別の撤廃だけをその目的としているかのように思われる。そして、条約の前文が「人種的相違に基づくいかなる優越主義も科学的に誤りであり、道徳的に非難されるべきである」としているのも、こうした考えのあらわれである。しかし他方においては、同じ前文の中で「人種、皮膚の色又は民族的出身を理由にした人間の差別が、諸国間の友好的かつ平和的関係に障害となること」などを確認しているだけでなく、この条約が撤廃しようとする「人種差別(racial discrimination)」について、条約第一条は次のように定義している。つまり、「この条約において人種差別とは、政治的、経済的、社会的、文化的又はその他のすべての公的生活分野における人権および基本的事由の平等な立場における承認、享有または行使を、無効にし又は損なう目的若しくは効果を有する人種、皮膚の色、門地(公訳は生系)、民族的又は種族的出身に基づくあらゆる区別、除外、制限又は優遇をいう」(傍点および( )内は筆者)と謳っている。

この規定からもわかるように、この条約が撤廃しようとする「人種差別」とは、通常考えられる狭い意味ではなく、非常に広い意味で用いられている。つまり、この条約が根絶しようとする人種差別には、人種(race)を理由にした差別だけでなく、皮膚の色、門地(descent)、さらには、民族的または種族的出身(national or ethnic origin)を理由にした差別も含まれており、性差別と宗教差別を除いたすべての差別を、その撤廃の対象にしているといえる。

2 民族的又は種族的出身による差別

人種差別撤廃条約が撤廃しようとする差別には、民族的出身、または種族的出身も含まれていることは、右にみたとおりである。まず種族的出身(ethnic origin)であるが、このethnicという言葉は、種族という日本語に直してはいるが、多民族国家における個々の民族、たとえば中国における朝鮮族とかチベット族のように、われわれが通常「民族」と呼んでいる個人の集団を表している。したがって日本においては、アイヌ族あるいは朝鮮族がこれに含まれるものと理解できる。次に、民族的出身(national origin)であるが、nationという言葉は、日本語でも「民族」または「国民」という異なった意味で理解され、訳されるように、国家または地域によってそれぞれ違う意味で用いられている。つまり、nationという言葉は、同一の人種、言語および文化を連結素とする個人の集団である民族または種族(ethnic)の意味と、一定の領土を基礎にした政治的運命共同体に帰属する個人の集団である民族または国民の意味で用いられている。

そのためnational originは、民族的出身だけでなく国民的出身も含まれるものと理解すべきであろう。在日韓国・朝鮮人の場合、民族的出身であると同時に国民的出身でもあることから、ethnicとnationalの両方に該当するものと理解できる。いいかえるならば、在日韓国・朝鮮人に対する差別は、民族的違いを理由にした差別と、国籍の違いを理由にした差別という二つの異なった理由に基づく不合理な差別であり、まさにこの条約が根絶しようとする「人種差別」である。そして、特に触れておきたいことは、過去そして現在における朝鮮人差別と、それに基づく「皇民化政策」ならびに「同化政策」は、民族的優越思想に支えられた人種主義であることは否定できず、人種差別撤廃条約の存在理由にさえ抵触するということであり、その撤廃と根絶は必至であるといわねばならない。

もっとも、同条約第一条二項が「この条約は、当事国が国民と国民ではない者との間に設ける区別、除外、制約または優遇には適用されない」と謳って、内国人と外国人との間に設けられる合理的な区別、たとえば国際人権規約などが、国民固有の権利として明文規定で認めている参政権などは、外国人には保障しなくてもよいとしている。しかし、国籍を理由にした不合理な差別は認められず、ヨーロッパ諸国内における外国人、とくに「移住労働者」に対する処遇が、差別撤廃委員会において審議の対象になり、条約の国内実施においても、外国人に対する差別を撤廃の対象にしていることは周知の事実となっている。

3　禁止される私的差別

すでにみたように、条約は「……政治的、経済的、社会的、文化的またはその他すべての公的生活分野における人権および基本的自由の平等な立場における承認、享有又は行使……」における差別を禁止し、撤廃の対象にしている。そして、ここでいう「公的生活（public life）とは、私的生活のアンチ・テーゼであるofficialの意味ではなく、公衆生活または社会生活と理解すべきであり、公私を問わず社会生活全般における人権と基本的自由の享有に対する差別が、撤廃の対象になっているといえる。このことは、条約第五条が、当事国がすべての者に平等に保障すべき権利として列挙している内容によっても裏付けられる。つまり第五条は、平等に保障すべき権利として、生命・身体の自由、参政権などの他に、市民的権利として、国際人権規約さえ触れていない国籍に対する権利、財産を所有する権利、さらには公衆衛生、医療、社会保障および社会奉仕に対する権利など、ほとんどすべての自由権と社会権をかかげている。なかでも第五条の(f)は、「交通運輸機関、ホテル、飲食店、喫茶店、劇場、公園など、一般公衆の使用を目的とするあらゆる場所又は役務を利用する権利」の平等な保障を定めており、公衆生活のために供される場所またはサービスから、特定の人種または民族などに帰属する個人の排除を禁じている。

このように、人種差別撤廃条約が平等に保障すべき権利について、包括的かつ広範囲に触れているのは、権利の保障を直接目的とする国際人権規約と違って、権利の保障における差別をなくし平等の実現を直接目的としているからである。つまり、人種差別撤廃条約が当事国に求めていることは、すでに保障しているか、あるいは新しく保障する権利に関する限り、人種、民族その他の事由による差別を禁止し撤廃することである。したがって、自国民または特定の個人集団に保障し、または保障しようとする権利について、外国人又は他の個人集団に対して合理的な理由も明示することなく差別することは、この条約が撤廃しようとする差別であり、一般市民生活における差別、たとえば就職差別あるいは入居拒否なども、禁止し撤廃しなければならないことはいうまでもない。

三　条約当事国の差別撤廃義務

性差別と宗教差別を除く、ほとんどすべての差別の撤廃を目標とする人種差別撤廃条約は、条約当事国がその国内において取るべき措置と行動について、非常に詳細かつ具体的に規定している。なかでも、第二条が課している、差別の禁止と差別撤廃義務、および第四条が当事国に求めている、人種的優越主義に基づく差別および扇動の禁止は、差別を廃絶するために重要な規定であり、すでに当事国になっている国の国内においてはその実効が証明されている。

1　国および地方公共団体による差別の禁止と差別撤廃

まず条約当事国は、第二条一項において、人種差別を非難・撤廃し、さらには人種間の理解を促進する政策を遂行することを約束している。これは、人種差別に対する当事国の基本的かつ一般的義務を謳っているものであって、当事国は人種差別を黙認・擁護する態度をとってはならないばかりでなく、差別を撤廃し人種間の理解を促進するために必要な政策を遂行する義務がある。したがって、従来のように民間レベルまたは私的関係における対朝鮮人差別を、契約の自由とか私的自治という美名の下に放置することは、こうした義務に抵触するといわねばならない。

次に条約当事国は、国および地方の公権力が人種差別に従事し、あるいは個人または団体による人種差別を弁護し支援しないことを約束している(第二条一項(a)および(b))。過去そして今日においても、国際的波紋を惹起している人種差別のほとんどが、ナチス・ドイツによるユダヤ人迫害、あるいは関東大震災時における朝鮮人虐殺、さらには南アフリカの有色人種などのように、国家権力の直接的または間接的加担によるものであることを思うとき、この規定がもつ意義は大きいといわねばならない。そしてさらに、国家機関が直接加担しない場合でも、人種差別を行っている団体を、財政的援助をし公共の会場を提供するなどの行為によって、支援したり後援することも禁止されている。これは、日本社会における民族団体の会合または活動を妨害する団体に対して、国家ならびに地方公共団体が取るべき行動を明示するものであり、注目すべき規定である。

最後に、条約当事国はあらゆるレベルの政策を再検討し、人種差別を創り出しまたは永続化するような法律を改廃または無効にするために、実効的措置を取ることを約束している(第二条一項(c))。この規定は、国家が人種差別に加担し支援してはならないという不作為または消極的義務に加えて、積極的に、従来の政策の総点検による見直しと、人種差別を創り出し維持する法律を改正または廃止し、さらには無効にするよう義務づけている。つまり条約当事国は、差別行為に従事さえしなければ良いというものでなく、あらゆる政策と法律の見直しを行い、差別につながるものはすべて改めるか廃止しなければならない。したがって、たとえば日本政府が取ってきた従来の対外国人政策およびそれを支えている法律による差別、たとえば公務員任用または外国人登録などは再検討を余儀なくされるといわねばならない。

2　個人・私的団体による差別の禁止と特別措置

まずはじめに、条約当事国は立法を含むあらゆる適切な手段により、いかなる個人、集団または団体による人種差別も禁止し、終らせる義務を負っている(第二条一項(b))。人種差別を含むほとんどの差別が、国家によって創り出され維持されていることから、国家による差別行為の禁止が肝要であることは否めないが、歴史的に培われ社会に深く根ざしている差別、なかでも人間の心に根差す意識差別は、法律の改廃だけでは根絶されない。

いいかえると、婚姻差別または就職差別のような私的差別は、「公序良俗に反する行為」とか「不法行為」として、民法上の責任を問うだけでは廃絶されず、法律で直接禁止し、刑事的責任を問うことが必要であることは、誰一人として否定できない。このことは、すでに条約当事国となっている諸国の国内法、たとえばイギリスの「人種関係法(Race Relations Act)」とかフランスの人種差別禁止法が、私人または私的団体による差別を禁止し、懲役・罰金などによる社会的責任を問うていることに、その具体的効果をみることができる。

したがって、もし日本がこの条約の当事国となった場合には、民間企業による就職差別、賃貸住宅の入居拒否、あるいは私立学校による入学拒否などの私人または私的団体による民族差別を、法律で禁止しなければならない。今日、日本社会にはびこる民族差別のほとんどが、歴史的には国家によって創り出されはしたが、私的差別であることを考えるとき、この規定がもつ意義は計り知れないものがある。このことは、国家・政府による差別を直接的規制対象にしている国際人権規約と、人種差別撤廃条約との基本的な差異でもある。

つぎに条約当事国は、特定の人種的集団または個人が、人権および基本的自由を完全かつ平等に享有することを保障するために、社会的、経済的、文化的およびその他の分野において、その集団または個人の十分な発展と保護を確保する、特別かつ具体的な措置いわゆるアファーマティブ・アクションをとる義務を負っている。これは、一国内において差別の対象になっている人種的または民族的集団は、そのほとんどが歴史的かつ政策的に作られてきたものであり、こうした個人または個人の集団に対する差別の撤廃は、既存の法・制度の是正による形式的平等の保障だけでは達成できず、特別措置による人権享有の保障により実質平等をはかることによって、それははじめて可能になるという考えに基づいている。

こうした特別措置の具体例は、日本における部落差別の根絶を目的とした「同対法」、さらには「地域改善法」、あるいは障害者の雇用促進対策などにみられる。しかし在日韓国・朝鮮人は、形式的平等さえ完全には保障されていないのが実状であり、こうした実質的平等の保障に必要な特別措置は議論にさえならなかった。したがって、在日韓国・朝鮮人の働く権利、あるいは教育に対する権利などは、雇用の促進または民族教育の保障などのために適切な特別措置が必要であり、日本政府がこの条約を批准した後には、このことを積極的に主張し要求していくべきである。

3　人種主義および人種差別の禁止と処罰

すでにみたように、人種差別撤廃条約が成立した背景または直接契機は、ネオ・ナチズムつまり人種主義に対する国際社会の、過敏とさえいえるまでの対応であった。このことから導かれる当然のコロラリーでもあるが、条約第四条は特にこの問題にあてている。つまり、条約当事国はまず、一民族集団の優越性を説く思想、または人種的憎悪および差別を正当化し助長しようとする宣伝および団体を非難し、そのような差別の扇動または行為を根絶するために積極的な措置を取ることを約束している。

そして、次のような行為は法律によって処罰されるべき犯罪であることを宣言している。それらは、(イ)人種的優越または憎悪に基づく思想の流布(ロ)人種的差別の扇動(ハ)人種的または民族的集団に対する暴力行為(ニ)人種的差別に対する財政援助、などの行為である。このように人種差別を、法律による禁止だけに止まらず、処罰すべき犯罪であるとしたのは、われわれの経験が教えるように、ある民族または人種の優越を主張し、他民族の否定または支配を正当化しようとする理論もしくは思想に基づく差別は、人道および平和の維持にとって最も危険であるからである。

そして、過去における日本のアジア諸民族の支配と、現在見られる日本国内の民族差別も、その根源を辿るならば、脱亜入欧思想または単一民族主義として表現される民族的優越思想に根差していることは否定できない。したがって、アジアにおける民族間の平等を実現し、日本国内の民族差別を根絶するうえで、右の規定は画期的意義を有するものとして高く評価できる。

条約はさらに、人種差別を助長し扇動する団体ならびに組織的宣伝活動などが、違法であることを宣言しかつ禁止するだけでなく、そのような団体または活動への参加も、処罰されるべき犯罪であることを認めている。そのため条約当事国は、刑法またはその他の法律によって、右に掲げた諸行為を禁止し、犯罪行為として処罰しなければならず、すでに多数の国家がそのような立法措置を取ってきている。もっとも、思想の流布あるいは団体への参加などを法律で禁止し処罰することは、思想・良心の自由または結社の自由など自由権的基本権の制限になるため、特に西欧諸国の抵抗が強かったが、第四条の導入部分の末尾に「世界人権宣言に具現された原則及びこの条約第五条に明記する権利に留意」することを謳うことによって妥協がはかられた。

いずれにせよ、人種的または民族的優越思想に基づく人種差別は、人種差別撤廃条約によって、ただ単に撤廃すべき差別行為に止まらず、処罰されるべき「国際法上の犯罪」として認められた。このことは、他民族を否定し差別する行為を正当化する口実として悪用されてきた人種的または民族的優越主義に対する、国際社会の警鐘でありかつ挑戦であるともいえる。※〔人種差別撤廃委員会は、日本の第一回実施報告に対する最終所見〈二〇〇一年三月二〇日採択〉の中で、「高い地位にある公務員による差別的発言、とくに第四条Cの違反」に対して措置が取られていないことに留意するとし、石原東京都知事の外国人犯罪を誇張する発言を間接的に指摘している。〕そして条約当事国が、第七条の規定が求めている教育、文化などの分野における条約精神の普及のために努力するならば、ある人種または民族が他の人種または民族より優越しているという誤った考えを是正し、異なる人種または民族間における真の平等と共存を実現するうえで、大いに役立つものと期待できるといえる。

四　「心」の差別の根絶

以上、在日韓国・朝鮮人の人種・差別状況に直接かかわるとおもわれる範囲内に限って、人種差別撤廃条約の内容を紹介し、その意味もしくは意義を確認してきた。紙幅の関係上くわしく触れることができず、とくに実施措置については割愛してしまった。ただ一つだけ付け加えると、人種差別撤廃条約も他の国際人権条約、たとえば国際人権規約とほぼ同じく、報告制度、国家の苦情申立て、そして差別の犠牲者である個人または集団による苦情申立てという三つの実施措置が設けられ、実施機関としては「人種差別撤廃委員会」が設けられて機能している。

人種差別撤廃条約が日本社会に受け容れられた場合、在日韓国・朝鮮人社会の差別状況を改善するうえで、国際人権規約と並んで大きな武器として機能しうることは、すでにみたとおりである。たしかに、具体的な差別の撤廃、たとえば入居拒否、就職差別などの私的差別の撤廃、あるいは外登法など不合理な差別を強いている法律の改廃などが予想されるが、それにもまして期待できることは、民族優越主義または人種主義を根絶し、執拗なまでに維持され続けている単一民族国家観を根底から揺るがし、言語と文化などを異にする複数の民族が、この社会に存在し、かつ平和的に共存共栄できる、という考えを定着させるために、人種差別撤廃条約が重要な役割を果たしうるということである。そして、戦後一貫して取り続けられてきた「差別」と「同化」という対朝鮮人政策に終止符を打つことができるかもしれないのである。

さらに、この条約が差別を「処罰されるべき犯罪」であると断罪したことによって、ただ単に「道徳上の問題」あるいは「良心の問題」とされがちであった差別に対する考えを、一八〇度転換させることである。つまり、他の個人または民族を差別することが、刑事的もしくは社会的責任を追及される犯罪行為であるという認識を、市民一人ひとりに定着させ、いわゆる「心」の差別までも根絶させられるかも知れないことが、この条約の及ぼしうる最大の効果であることを指摘しなければならない。もっとも、以上の期待と効果は、この社会に住む一人ひとりが、条約の内容を十分理解し、その完全実施を日本政府に強くかつ執拗に要求していくことが、前提であることはいうまでもない。※〔本章一節でもふれたように一九九六年一月四日には人種差別撤廃条約が日本に対して効力を発生し、すでに実施に関する報告を提出し、人種差別撤廃委員会から在日外国人の処遇に関する勧告を受けている。〕

4 国際人権基準と民族教育
——「子どもの権利条約」の批准に思う

はじめに

一九八九年一一月二〇日、国連総会において採択され、九〇年九月二日には効力を発生した「子どもの権利条約」(公訳では条約の名称を『児童の権利に関する条約』としている)は、すでに一五〇を超える締約国を擁しているが、日本も四月二九日国会の承認手続が終わり、政府による批准書寄託をまって五月には日本国内において効力を発生することになった。

この条約は、精神的身体的に成長の過程にあって法的社会的に脆弱な立場にある子どもを権利享有の主体と認め、国際人権規約を含むその他の人権条約が保障する人権と基本的自由の他に、親からの分離禁止(第九条)、意見表明権(第一二条)、虐待からの保護(第一九条)など、子ども特有の権利を幅広く保障し、条約の履行を監視する機関として「子どもの権利委員会」を設けている。

そして、本章の主題である民族教育に関連しては、教育に対する権利(第二八条)、教育の目的(第二九条)、および、少数者及び先住民の子どもの権利(第三〇条)も保障している。もっとも、これらの権利については、表現の差異は認められるが、世界人権宣言と国際人権規約や他の教育差別禁止に関するユネスコ条約、外国人権利宣言および少数者権利宣言によっても承認され保障されている。これら国際人権基準に照らしつつ、在日韓国・朝鮮人の民族教育について吟味することが本章の課題であるが、その際つぎのいくつかのテーマを設定して考えることにしたい。

まず第一には、国際人権基準が掲げる教育の目的に照らして吟味し、第二に、民族の自決権とりわけ文化的自決という視点から検討することにし、第三に、少数者(マイノリティ)の権利、そして第四に、子どもの基本的人権という視座から検討することにする。

一　民族教育は、教育の目的である

教育とりわけ初等教育が、戦前の日本教育が追求したように、国家目的に奉仕する国民の形成ではなく、当該子どもの人格の完成を目的とすることは、日本の教育基本法も謳っているが、世界人権宣言(第二六条)および国際人権規約のA規約(第一三条)は、人格の完成と並んで、人権と基本的自由の尊重を指向し、「すべての国民、人種集団または宗教的集団の間の理解、寛容及び友好を促進」することを教育の目的とすべきであると定めている。つまり、教育は、子ども一人ひとりの人格完成だけでなく、国籍、人種そして宗教的に異なる集団に対する理解・寛容並びに友好の心を育むことを、もう一つの目的として追求することを各国に求めている。そして、この目的達成は、自己の集団と他者の集団との違いを認めることが、まず必要であり、そのためには、子ども一人ひとりが、自己の文化または宗教だけでなく、他者とりわけ同じ教室に学ぶ友人の文化または宗教に対する理解と尊重の心を育む教育が不可欠である。いいかえると、民族的文化的差異を無視し、画一的もしくは同一的な内容を強制する同化教育ではなく、自己の言語と文化を内容とする民族教育(ethnic education)と並んで、他者の文化と伝統などの理解を内容とする多文化教育(multi-cultural education)によってのみ右の目的は達成できる。このことは、一九七四年ユネスコ総会が採択した「国際理解、国際協力及び国際平和のための教育並びに人権及び基本的自由についての教育に関する勧告」が、その指導原則の中でも触れており、この度、日本政府が批准し国内的に受け容れるようになった「子どもの権利条約」も、教育の目的を定める第二九条でいっそう明確に謳っている。

つまり、同規定は、締約国の教育が向けられるべき目的について、まず、「子どもの人格、才能並びに精神的及び身体的能力をその可能性の最大限まで発達させること」(同条一項ⓐ)であることを明示した後、「子どもの親、子ども自身の文化的特性(cultural identity)、言語及び価値、子どもが在住している国及び子どもの出身国の国民的価値並びに自己の文明と異なる文明に対する尊重を発展させること」(同条一項ⓒ)を達成すべきもう一つの目的として掲げている。この目的は、まさに、在日韓国・朝鮮人が求め続けている民族教育であり、在住国である日本の国民的価値と文明の尊重だけを押しつけ、「在日」の子ども自身の文化的アイデンティティと言語そして価値に関する教育の不在もしくは否定を内容とする従来の公教育だけでは、この規定が求める目的を達成できないといわざるをえない。

さらに、先に触れた国際人権規約などが掲げる教育の目的についても、「子どもの権利条約」は、理解、寛容及び友好の精神を育むべき集団として、国民的宗教的集団の他に、人民(people)、種族集団(ethnic group)、そして先住民(persons of indigenous origin)を加え、より広い範囲の個人集団、とりわけ、国際人権法の最重要課題である少数者集団に対する理解と寛容そして友好の精神を育み、異なる集団が共生する可能性の追求を教育に求めている(同規定一項ⓓ)。これは、従来から指摘され続けてきたことはいえ、「子どもの権利条約」批准と実施により、日本の公教育のあり方が大きく問われる課題であることは否めない。

二　民族教育は、文化的自決権である

人民もしくは民族の自決は、第二次大戦後の国際社会の発展を特徴づける非植民地化の過程で、政治的原則から実定国際法上の権利として発展し確立したことは周知のとおりであるが、権利の内容または範囲も拡大してきている。たとえば、人権保障の基本的条件として自決権を保障する国際人権規約A・B両規約第一条は、すべての人民が自決の権利を有することを確認し、「この権利に基づき、すべての人民は、その政治的法的地位を自由に決定し並びにその経済的、社会的及び文化的発展を自由に追及する」(傍点は筆者、以下同)と定め、自決権の内容について従来の政治的法的地位の自由な決定に加え、社会的文化的発展の自由な追求まで包含している。これは、過去の植民地主義が政治的侵略だけでなく、日本帝国の植民地支配が皇民化政策による民族性の剥奪であったことが示すように、文化的侵略をも伴う文化的帝国主義(cultural imperialism)であったという歴史的経験と、今日においても、民族的少数者に対する同化政策による民族の自然消滅、つまり「文化的殺害(cultural genocide)」を意図する状況に基因するも

のである。つまり、特定の人民または民族が、歴史的に培ってきた自己の文化を継承し維持・発展させることは、他の人民または民族だけでなく、国家権力によっても妨げられることなく、自己の意思と努力によって自由に追求する自決の権利であることを明らかにしたものでありその意義は計り知れない。

そして、この文化的自決権を享有するためには、特定の民族集団に帰属する個人、なかでも一人ひとりの子どもが、自己の言語と歴史そして伝統などに対する知識と理解が欠かすことのできない条件である。いいかえると、教育なかんずく初等教育の過程において、子どもたちに、自己の言語と歴史などに触れ理解する機会を与えないことは、国際人権規約をはじめとする国際人権法が保障する文化的自決権の享有を妨げることになる。したがって、今日、全体の九〇％以上が日本の公立学校に学んでいる在日韓国・朝鮮人の子どもたちが、その文化的発展を自らの意思で自由に追求することは、日本政府、とくに文部省と教育行政が尊重しなければならない文化的自決権であることを確認し、その具体的享有をどのように保障すべきか早急に検討しなければならない。

また、国際人道法上犯罪を構成する行為であり、その防止と処罰を国家に義務づける集団的殺害(ジェノサイド)は、身体的または生物的迫害と虐待による個人集団の破壊だけでなく、言語と文化などを剥奪する文化的ジェノサイドも含まれるとする主張と認識が高まってきており、さらに、やはり国際社会が人道に対する犯罪であるとして、抑止と処罰を求めているアパルトヘイト行為が、「人種的集団が、……文化的生活に参加することを妨げることを意図した立法上の措置その他の措置」(アパルトヘイト条約第二条(c))を含むとしているのは、右にみた文化的自決権が民族の基本的生存権であるという認識に基づくものであるといえる。さらに、ある民族的人種的集団が、自己の言語と文化に接し、その発展を追求する権利を妨げたり否定する行為は、国際人権法が撤廃を求める人種差別であり、国家に対し犯罪と認め処罰することを義務づけている人種主義(racism)でもある(人種差別撤廃条約第四条)。

以上かいつまんでみたように、ある民族集団すなわち在日韓国・朝鮮人が自己の文化的発展を追求するために必要な民族教育は、国際人権法が保障する文化的自決権であり、民族教育を否定することは、文化的自決権の侵害に止まらず、人道に対する犯罪を構成する文化的ジェノサイドであり、アパルトヘイトの一種であるという認識が必要である。また一三五カ国にのぼる国連加盟国が締約国となっている人種差別撤廃条約が犯罪として処罰を義務づけている人種主義と軌を一にするものと理解しなければならない。こうした現代国際社会の共通認識と現代国際人権法に照らしてみるとき、民族教育は当該民族の基本的生存権であり、その否定は単なる違法行為に止まらず、犯罪行為であるという疑いさえ認められる。

三 民族教育は、少数者(マイノリティ)の権利である

人権の国際的保護が、第一次大戦後の戦後処理と国際連盟の設立の過程で設けられた少数者保護制度にはじまるという歴史が示すように、言語的民族的および宗教的少数者の問題は、はやくから国際政治そして国際法上重要かつ困難な問題であり、今日の旧ユーゴスラヴィアをめぐる状況は、現在においても少数者問題の複雑性と重要性が依然変わっていないことを示している。つまり少数者(マイノリティ)

問題は、人権の国際的保護の発展と国際平和の確立にとって、歴史的にそして今日においても、解決すべき最重要課題の一つである。このことは、国際人権規約をはじめとする多くの国際人権文書が少数者の権利を承認し、その保護を定めていることからも容易に理解できる。

まず、国際人権規約B規約第二七条は、「種族的(ethnic)、宗教的又は言語的少数者が存在する国において、当該少数者に属する者は、その集団の他の構成員と共に自己の文化を享有し……自己の言語を使用する権利を否定されない」と謳って、たとえば日本国内のアイヌ民族および在日韓国・朝鮮人のような民族的言語的少数者が、自己の文化を享有し自己の言語を使用する権利を妨げてはならないことを規約締約国に義務づけている。

ところが、日本政府は規約人権委員会に提出した報告と報告審査の過程で、第一次報告では、日本国内に少数者が存在しないとし、第二次報告では、アイヌという民族的少数者の存在は認めたものの、在日韓国・朝鮮人は外国人であるから少数者ではないと主張し、昨年一一月に行われた第三次報告の審査においても同じ態度を取り続けている。しかし、こうした日本政府の態度は、外国人であっても、B規約二七条でいう少数者を構成し、自己の文化享有と自己の言語使用の権利を否定されないという規約委員会の一般的意見に反するものであり、第三次日本政府報告に対する規約委員会のコメントでも、アイヌ、部落と並んで、在日韓国・朝鮮人をマイノリティつまり少数者としてとらえ、その差別撤廃を求めている。

したがって、在日韓国・朝鮮人がB規約第二七条でいう「民族的言語的少数者」であることを争う余地はなく、日本政府の締約国としての義務は免れない。ただ、B規約第二七条が、自己の文化を享有し、自己の言語を使用する「権利を妨げられない」という消極的な表現に止まっていることから、民族教育など権利享有に必要な積極的措置を取る義務はないという議論がある。しかしB規約第二七条が保障する少数者の権利とりわけ言語と文化に対する権利は、制度的財政的な措置によってはじめて享有が可能であり、とくに、在日韓国・朝鮮人またはアイヌ民族のように、長期にわたる同化政策によって、自己の言語と文化に対する権利の享有が妨げられてきた少数者に対しては、たとえば人種差別撤廃条約第二条二項が求めている特別措置もしくはアファーマティブ・アクションによって積極的に保障する義務が締約国にあるといわねばならない。したがって、日本政府は、在日韓国・朝鮮人がB規約第二七条でいう「民族的少数者(ethnic minority)」と認め、日本の公立学校に学ぶ韓国・朝鮮人の子どもが、自己の言語と文化に触れる教育を保障する具体的かつ積極的措置を保障する規約上の義務を有することは否定しようがなく、この義務はまた、韓国政府との間で取り交わした「九一年覚書」の中でも負っている課題である。

また、B規約第二七条を含むその他の国際人権文書が保障する少数者の権利を、その内容と具体的保障を強化したものと理解できる、一九九二年国連総会が採択した「民族的又は種族的、宗教的及び言語的マイノリティに属する者の権利に関する宣言」(「マイノリティ権利宣言」と略称)は、在日韓国・朝鮮人の民族教育の確立にとっても重要な意義を有するといえる。つまり、マイノリティ権利宣言は、マイノリティは、いかなる干渉もしくはいかなる形態の差別もなく、自己の文化を享有し、自己の言語を使用する権利を有するものとし(同宣言第二条一項)、国家は、マイノリティに属する者が、自己の特性を表現し、その言語と文化、伝統及び習慣の発展を可能にする有利な条件を創出する措置を取るように求め(同宣言第四条二項)、さらに、マイノリティに属するものが、その母語を学び母語による教育を受ける機会を享有するために適切な措置を取り、教育の分野において、マイノリティの歴史、伝統及び言語と文化に対する知識を奨励するために必要な措置を取るよう国家に求めている(同宣言第四条三項及び四項)。※〔マイノリティについて詳しくは、本書第二部の***1***を参照。〕

このように、「少数者権利宣言」は、「権利を妨げられない」と消極的内容に止まっているB規約第二七条と異なり、マイノリティがそのアイデンティティもしくは特性を維持し表現する権利を有し、この権利を享有するために必要な自己の言語、文化及び歴史と伝統などに関する知識を習得するために必要な措置を国家に義務づけるという積極的な内容になっている。そしてこの必要もしくは適切な措置には民族教育が含まれることはいうまでもない。もっとも、この宣言は、他の人権に関する宣言同様に、国家を法的に拘束する効力はなく、道義的義務を課すものに止まることは否定できない。しかし、他の人権文書がそうであるように、「マイノリティ権利宣言」は、他の国際人権法文書とりわけ国際人権規約A・B両規約がそろって保障する文化的自決権と、B規約第二七条が保障するマイノリティの権利と相互に補完する性質のものであり、これらの規定の適用と実施のために効果的に機能することは間違いなく、また、マイノリティの権利保護に必要な独自の条約制定にもその展望を開いたものと評価できる。

また、マイノリティもしくは先住民に属する子どもが、自己の文化を享有し、自己の言語を使用する権利を否定されないと、国際人権規約B規約第二七条同様に消極的な内容になっている「子どもの権利条約」第三〇条の規定も、右の「マイノリティ権利宣言」の発展と今後の国連努力による採択が予定されている「先住民権利宣言」によって、日本国内のアイヌ民族および韓国・朝鮮人の子どもたちのようなマイノリティまたは先住民に属する子どもに、自己の言語と文化そして歴史と伝統に触れる機会を教育の中で保障することが、「子どもの権利条約」の締約国に課された積極的義務であることがいっそう明らかになることは必至である。このように、民族教育は、国際人権規約と「マイノリティ権利宣言」、さらには「子どもの権利条約」など、数多くの国際人権基準によって保障されている民族的マイノリティの権利であり、マイノリティが所在する国家はこの権利を尊重し保障する義務があることは否定しえない事実である。※〔国際人権規約A規約委員会は、日本の第一回実施報告の審査後に、二〇〇一年八月三〇日採択した最終見解の中で、言語的マイノリティの児童が在籍している公立学校の正規な教育過程において母語教育が導入されることを勧告している。〕

四　民族教育は、子どもの基本的人権である

右にかいつまんでみたように、民族教育は教育が指向し達成すべき教育の目的であり、民族の文化的自決権であり、さらにマイノリティの基本権でもあることが明らかであり、これらの権利は、当該民族またはマイノリティが所在する国家が尊重し保障する義務があることも再確認できた。そして最後に、民族教育は、さまざまな国際人権基準が定め保障している子どもの基本的人権と直接的間接的に関わり、またそれらの人権を支える基本的権利であることを、「子どもの権利条約」に照らして確かめておきたい

と思う。「子どもの権利条約」は、その出生からはじまり、戦争、親の離婚および氏名の決定にいたるまで、大人の論理と都合によって決定され惹き起こされる社会現象の最たる犠牲者でありつづけてきた子どもを、権利と保護の客体から、自己の意思によって決定し享有する権利の主体へと、大人の発想の転換を求める国際人権条約の一つである。

本章の主題である、在日韓国・朝鮮人の民族教育も、皇民化教育と同化教育という日本政府の歴史的政策によって、日本の公教育から民族の自主的教育そしてまた日本の公教育へと、子どもたちの意思とは関係なく二転三転と決定され、否定され続けてきた。つまり、皇民化教育によって自己の言語と文化に触れる機会と民族の表現である名前までも奪い、自主的民族学校の閉鎖により日本の公立学校へと追い立てられたかと思うと、外国人は教育を受ける義務がないからという理由で就学通知を出さないなど、当該子どもたちの利益と権利を無視した法形式的論理によってふりまわされてきた。

こうした過去の論理と決定は、「子どもの最善の利益は……行政機関又は立法機関によって行われるかを問わず、子どもに関するすべての活動において、第一次的に考慮される」と謳っている「子どもの権利条約」第三条の規定に反し、子どもの利益とか権利という認識は全く欠落したものであるといわざるをえない。政府と行政さらには大人の都合と論理ではなく、「在日」の子ども一人ひとりの利益と権利に目を据えた民族教育のあり方が論議され決定されることが条約の求める姿である。

そして、条約の前文が「子どもの保護及び調和の取れた発育のためには各人民の伝統及び文化的価値が重要であることに妥当な考慮を払い……」と宣明しているように、「在日」の子どもたちにとっての調和の取れた教育とは、日本の子どもたちにとって日本の伝統と文化的価値に触れる教育と同じように重要であることは指摘され続けてきたことである。つまり、初等教育の過程で、自民族の伝統と文化に触れないばかりか、本名を隠し民族性を隠した教育の場で育った子どもたちが、いかにその心をゆがめ調和の取れた発育を阻まれてきたかを示す事例は枚挙にいとまがないほどである。

その結果、すでにみた「子どもの権利条約」第二九条が掲げる教育の目的、すなわち、子どもの人格・才能および能力の最大限の発達ばかりでなく、子ども自身の文化的アイデンティティと言語並びに価値、さらに子どもが存在している国とその本国の国民的価値そして自己の文明と異なる文明に対する尊重の発展はいうまでもなく、異なる種族的、国民的集団又は先住民との間の理解、寛容そして友好のいずれも達成されていない。つまり、本名を用いる子どもがいじめの対象になり、隣に座る級友が自分とは異なる言語と文化そして歴史を有する民族出身であることさえ、知らないか知らせない公教育の現状を打破し、違いを積極的に表現し違いの素晴らしさを認め合う教育の場にできない限り、「子どもの権利条約」が掲げる目的は達成できない。

つぎに、「在日」の子どもの教育の現状を「子どもの権利条約」第二条が謳う「非差別・平等の原則」に照らしてみると問題はさらに深刻である。同条約第二条は、「締約国は、その管轄下にあるすべての子どもに対し、当該子ども、その親又は法的保護者の人種……国民的、民族的出身……出生又はその法的地位にかかわりなく、いかなる差別もなしに、この条約に定める権利を尊重し及び確保する」と謳い、いかなる事由による差別も禁止している。

しかし、まず、日本の公教育は、日本の子どもには自己の言語と文化そして歴史と伝統に触れる機会は保障するが、「在日」の子どもが自己の言語と文化などに触れる機会を保障しないために、同条約第二九条と第三〇条が保障する権利を享有できず、同じ教育の場に学ぶ子どもの間に差別を生じさせている。つぎに、「外国人には教育を受ける義務がない」とする、義務教育課程における「当事者任せ」または恩恵的教育行政の姿勢が根本的に是正されていない状況は、「初等教育を義務的なものとし、すべてのものに対して無償のものとする」と定めた「子どもの権利条約」第二八条一項(a)の規定に反するものである。さらに、各種学校として設立・運営されている自主的民族学校に学ぶ「在日」の子どもたちが、進学、資格試験と就職そして体育活動への参加から差別的に排除され、つい最近までは通学に伴う定期券の割引さえ差別的に取り扱われるなど、「在日」の子どもをめぐる差別状況は、いまだに深刻な状況にあるのが実情である。

紙幅の関係もあって、概括的な吟味に終ってしまったが、民族教育は、教育目的の達成、文化的自決権さらには少数者の権利というマクロ的視点が必要であると同時に、子ども一人ひとりが、人間として調和の取れた発育と、異なる人びとの集団とその文化を自己のアイデンティティと文化同様に尊重できる心を育むために必要であり、民族的文化的に異なる子どもたちがいかなる差別もなく平等に発育することが、子どもにとって「最善の利益」であり、子ども一人ひとりの人間の尊厳と人権の尊重につながるというミクロ的視点が、さらに重要であることを指摘しておきたい。

5 戦後補償をめぐる法的諸問題

はじめに

在日韓国・朝鮮人の補償に関する問題は、歴史的、政治的、あるいは道義的、さらには法的に、さまざまな観点から考え、論じることができるが、本章では、法的な側面から光をあてて考えることにしたい。すでに指摘され議論されているように在日韓国・朝鮮人に対する戦後補償は、戦争犠牲者援護に関する国内法における国籍条項によって排除され、そして一九六五年の韓日民間請求権協定によっても、日本に在住する者に適用されないという条項を設けて不十分な補償からさえ除外された。にもかかわらず、日本行政当局は、六五年協定によって、在日韓国人に対する補償も含めてすべて解決が済んだと主張して補償要求に門前ばらいの態度をとりつづけている。

このように、在日韓国人に対する補償は、国籍を理由に国内法で排除し、韓日間の協定によっても置き去りにしておきながら、行政の窓口では解決済みだとする法的論理がまかりとおっている。そのため、在日韓国・朝鮮人の日本への渡航と定住を余儀なくした日本帝国主義による併合と植民地主義、そして国内法による補償・援護の対象から排除している国籍条項の違法性と差別性をいま一度確認し、日本政府の補償責任を法的に明らかにする必要がある。

　こうした視点から本章では、まず、日本帝国主義による朝鮮半島の植民地支配およびその過程における政策の違法性とその責任を明らかにし、そして、太平洋戦争の犠牲者に対する国家補償における国籍差別の不当性を検証することにする。さらにまた、韓日両国間の協定による民間請求権の「解決」と在日韓国人の対日本政府請求権の法的性質を検討し、最後に、国際人権規約が保障する社会保障ならびに生存権と内外人平等原則に照らして、戦後補償の違法性と差別性をたしかめてみたいと思う。そして、条約による私人の請求権解決の法的意味と効果をもあわせて考えてみたい。

一　植民地支配の違法性と日本政府の責任

1　日韓併合条約の違法性と民族自決の侵害

　一九一〇年、日本帝国が大韓帝国を併合し、植民地支配を合法化する「隠れみの」とした、いわゆる「日韓併合条約」は、主権平等の原則に基づいた自由な意志の合意ではなく、武力を背景にして強制された合意であり、国際条約法の基本原則に違反するものであって、はじめから無効であることは否定できない。このことは、併合条約当初から、大韓帝国の国王をはじめとする政府当局者によっても主張され、さまざまな方法と場所を通じてその不当性が訴えられており、一九一九年三月一日の全国的独立運動に象徴されるように、全ての韓国人民が不法な併合と支配に抵抗し、独立の回復を要求しつづけたことからもわかる。また、一九一〇年の併合条約がはじめから無効であるということは、一九六五年の日韓基本条約締結交渉の過程において、韓国政府によっても主張され、条約の中では「もはや無効である」という表現で妥協がはかられたことは、まだ記憶に新しく、予定される日朝交渉の過程においても、同じような基本姿勢がとられることは想像に難くない。

さらに、このような違法な条約による植民地支配は、一九一〇年当時、実定国際法上の権利として確立されていないとはいえ、全ての民族が享有する自決の原則に反するものであったことは、第一次大戦の戦後処理と国際連盟の設立過程において、戦争の結果、敵国の支配から離れる領土の非併合主義に基づいて国際連盟による委任統治制度が導入され、中近東のアラブ民族がその独立を達成したことをみても明らかである。そして、第二次大戦後、国際連合による非植民地化(decolonization)の過程において、「すべての人民は自決の権利を有し、この権利によって、その政治的地位を自由に決定し、その経済的、社会的および文化的発展を自由に追求する」ことが、さまざまな宣言と条約の中で確認されてきていることは周知の事実である(たとえば、一九六〇年、国連総会が採択した『植民地独立付与宣言』および一九六六年の国際人権規約のA規約およびB規約の各第一条など)。

このように、一九一〇年の併合条約は国際法上無効であり、それに基づく植民地支配は、韓国人民の自決権の侵害であって、道徳的にはいうまでもなく法的にも容認できるものではない。したがって、日本帝国主義の植民地主義支配に対する責任は、言葉だけの謝罪によって免れるものではなく、謝罪と補償を伴った法的措置によってのみ解消されるものである。ところが、韓日両国の首脳の相互訪問を契機に「遺憾である」とか「痛惜の念を感じる」という程度の表現に止まり、一九六五年の韓日基本条約さらには在日韓国人の法的地位協定のいずれにも、植民地支配に対する責任を確認する文言さえみられない。太平洋戦争が終結して半世紀が過ぎようとする今日において、日本政府の戦後責任が問われている根本的理由は、植民地支配に対する法的責任を認めようとしない日本政府の態度にあり、言葉ではなく、文言による法的責任を改めて確認する必要がある。

2　植民地政策による人権侵害と非人道的取扱いに対する責任

一九一〇年から一九四五年まで三六年におよぶ日本帝国の朝鮮半島に対する植民地支配は、右にみたように国際法上違法であり、民族自決権の侵害であって、それ自体法的責任を問われなければならないが、具体的植民地政策においても、皇民化＝同化政策による民族性の抹殺と侵略戦争遂行という国家目的のために、低賃金労働、さらには日本軍の陵辱の対象として韓国・朝鮮人の男女を動員し、人間の尊厳を否定して奴隷のように虐待し、さらには身体と生命まで奪った行為について、その犠牲者一人ひとりに対する責任を問わねばならない。

つまり、宮城遙拝、神社参拝、そして皇国臣民の誓詞を毎日強制し、民族の言語と文化の教育だけでなく、日常的会話においてさえ日本語使用を強制して、「忠良なる皇民」に仕立てる政策が事細かく施され、民族性を根こそぎにしようとした行為は、とりわけ戦後も在日しつづけた韓国・朝鮮人の民族性回復に必要な施策によってはじめて、その責任を免れることができた筈である。ところが、民族学校の閉鎖と不認可など民族否定と同化の政策は、戦前の皇民化政策の延長線上においてつづけられてきた。こうした日本政府の行為には、植民地支配に対する反省とか責任感が微塵もみられない。戦後補償問題が有するもう一つの側面、つまり民族性の回復という精神的保障もいまだに解消されていない。この補償は民族教育の制度的保障が確立されない限り、解決されたとはいえない。

つぎに、侵略戦争という日本帝国の国家目的を遂行するために、「内鮮一体」または「一億一心」というスローガンの下に、朝鮮半島に対し、物的、人的犠牲を強制し、穀物、かます(叺)さらには真ちゅうの食器までも供出させ、小学生にまで勤労奉仕を強制し、あげくのはてには、総動員令による労働者の徴用と徴兵令による青年の戦場狩り出しが強行された。

こうした日本帝国の国家行為によって、奴隷狩りのように強制的に連行された何十万を数える労働者たちは、北はカラフトのサハリンから南は太平洋諸島にいたるまで、石炭掘り、軍需産業、そしてトンネル掘りなど、さまざまな労働に従事させられた。そして、北海道および九州の炭鉱における労働条件は過去の調査・研究によって明らかなように、飢餓と暴力による虐待が公然と行われ、文字通り牛馬のように働かされ、わずかな資金さえ払われていない場合がほとんどであった。また、軍人または軍属として戦場に駆り出された多数の青年は、日本人と同様に命を奪われ、手足を引きちぎられ、わが子と夫を失った家族には心の痛みと生活の苦しみを与え、手足その他体に傷を負った者が強いられた精神的、肉体的苦痛も、日本人とはまったく同じものである。したがって、このような国家の目的と政策によって強いられた精神的および肉体的損失、あるいは物的損害は、道義的にも法的にも日本政府がその責任を負わなければならないことは争う余地さえない。ところがつぎにみるように、悪質とさえ思われる国籍の論理を「巧みに活用」して、その責任を免れようとする態度を取りつづけている。なかでも、炭鉱などの労働現場における非人道的虐待、慰安婦として非人間的屈辱を強いられた女性、そして関東大震災における虐殺の犠牲者などに対する責任についてさえ、ほおかむりしようとする態度は法的責任をうんぬんする以前に日本政府の人道的感覚が問われる問題である。アメリカ、カナダの日系住民に対する責任の確認と補償にみられる人道、人権の認識に比較するとあまりにも寒々とする思いである。

二　戦争犠牲者に対する国家補償と国籍差別

1　戦争犠牲者援護立法と国籍差別

一九五二年四月二八日に発効したサンフランシスコ平和条約によって、占領軍の支配から解放され、独立国家としての主権を回復した日本政府は、太平洋戦争の犠牲者に対する国家補償を行うために、さまざまな立法措置を取ってきた。これらの法律は、太平洋戦争に軍人または軍属として参加し、身体に傷を負い、あるいは死亡した者およびその家族、または遺族に対して、国家が特別援護という名の下に補償することを意図したものである。

たとえば、一九五二年四月三〇日に施行された「戦争病者戦没者遺族等援護法」は、その目的として「……軍人軍属等の公務上の負傷若しくは疾病又は死亡に関し、国家補償の精神に基き、軍人軍属等であった者又はこれらの者の遺族を援護すること……」（傍点は筆者）であると定めている。ところが、こうした目的のために制定された法律は、別表（七〇頁）にみるように、未帰還者および引揚者に関する法律を含めて一三を数えるが、そのいずれも、援護を受ける条件として日本国籍の保有を求める国籍条項を

戦争犠牲者援護立法の推移

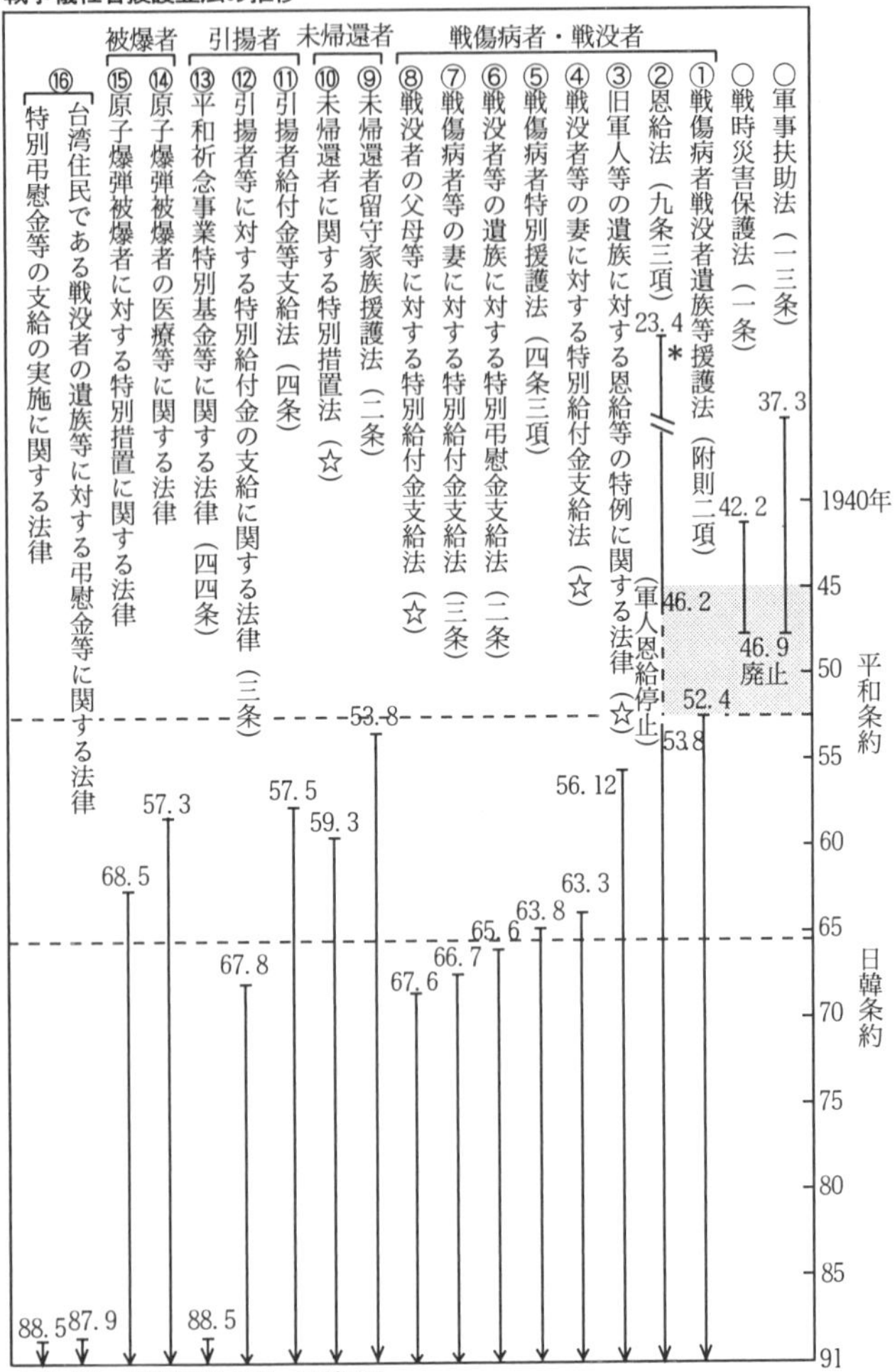

＊23.4は、1923年4月の意。以下同じ。

（ ）内は国籍条項を定めた条文を示す。☆印は直接定めた条文はないが、援用法の関係から国籍要件がある。⑭、⑯は日本国民と外国人が平等。

田中宏『在日外国人』（岩波新書）より

設けて、外国人とりわけ韓国・朝鮮人を排除している。ただ、広島および長崎に投下された原爆の犠牲になった者を援護するために制定された二つの法律は、国籍条項を設けておらず、内外人平等を原則としている。

さて、右の戦争犠牲者援護法が、戦時中は日本帝国の軍人または軍属として戦場に駆り出され、日本帝国のために戦死し、あるいは傷を負った朝鮮半島出身および台湾出身の旧植民地住民を排除した理由は何であり、合理性を有するものだろうか。右の法律がいう「国家補償の精神」とは何を意味するか明らかではないが、国家目的を遂行するために必要な行動、つまり太平洋戦争という国家目的のために軍人または軍属として戦争に参加したために死亡または負傷という被害を蒙った者とその遺族と家族に対し、国家の責任において行う補償であることは間違いない。したがって、補償の事実的要件と対象は、軍人または軍属として戦争に参加し、死亡したか負傷したという事実で十分であるはずである。いいかえると、かりに日本国籍の保有が必要であるとしても、それは補償事由が発生した時期に日本国籍の有無が問われるべきであって、補償の時期に国籍保持を求めるのは、終戦に伴って日本国籍を離れた者を意図的に排除しようとするものであり、理不尽な差別であるといわざるをえない。

国籍という「宝刀」をふりかざして、さまざまな人権保障の対象から在日韓国・朝鮮人を除外してきたのは、この戦争犠牲者援護法にはじまらないことは周知の事実である。しかし、戦争犠牲者に対する国家補償は、日本政府自ら、皇民になることを強制しては徴兵令および国民総動員令を適用して戦場に送り出し、しかも、援護法を制定する直前に、当事者たちの意思に問うこともなく一方的に日本国籍を剥奪して、国籍不保持を理由に、引き続き日本国の管轄の下に在住する韓国・朝鮮人を援護の対象から除いたことは、道義的に、そして法的にあまりにも無責任きわまりない。くり返すならば、戦争遂行という国家目的のために、軍人または軍属という国家との「特別関係」または「使用関係」にあったために命を奪われ、負傷をした結果に対する補償を、国家自らの行為によって喪失させた国籍を理由に補償の責任を免れようとする行為は絶対に容認できない措置である。

2　内外人平等原則と生存権保障

戦争犠牲者に対する援護は、右にみたように、国家補償の精神に基づくものであるが、その基本目的は、戦争によって犠牲を強いられた者およびその家族に「健康で文化的な生活を営む権利」、つまり生存権を保障するものでもあるといえる。そしてこの生存権の保障は、生活保護を含むさまざまな社会福祉と国民年金制度を中心とするいろいろな社会保障によっている。こうした生存権の保障は、国民だけに保障すべき権利ではなく、当該社会の住民として居住し労働と納税によって社会発展に参加するすべての個人に適用すべきであるにもかかわらず、日本政府は、在日韓国・朝鮮人を含む定住外国人を、生活保護を除く他のすべての社会福祉・社会保障から排除しつづけたことは、まだ記憶にあたらしい。

しかし、このような国籍の違いだけを根拠にした不合理な差別は、一九七九年九月二一日から日本国に対して法的効力を発生した国際人権規約、そして一九八二年一月一日に発効した難民条約によって、漸進的に撤廃されてきた。つまり、国際人権規約とりわけ社会保障に対する権利を含む保障について内外人平等を基本原則とする「経済的、社会的及び文化的権利に関する国際規約」、そして、社会保障について難民に内国人待遇を義務づけている難民条約は、国籍を理由にする差別的保障の継続を不可能にしたのである。より具体的に言及すると、児童手当の支給、公営住宅の入居などの社会福祉政策における国籍差別が撤回されたのは国際人権規約を批准した後であり、社会的保障の根幹をなす国民年金法から国籍条項が除かれ外国人住民の加入を認めたのは難民条約の批准によるものであった。

ところが、社会保障を含む生存権の保障における内外人平等を国際人権条約の受け容れにもかかわらず、戦争犠牲者に対する援護における国籍差別は撤廃されることなく維持されている。すでにふれたように、太平洋戦争の犠牲者とりわけ軍人・軍属として参戦して死亡したか負傷した者またはその家族である者が、援護もしくは国家補償の事実的原因の発生時において「日本帝国国民」という法的地位にあった旧植民地住民を援護対象から排除すること自体が理不尽な差別である。こうした差別的排除が、百歩譲って国家の負担を伴うため日本国籍を離れた旧植民地住民には適用できない論理であるとすれば、同じく国家の財政負担を伴う他の社会福祉の適用における国籍条項が撤廃された時点で除去されるべきであった。

戦争犠牲者とその家族に対する援護または保障が、日本国憲法第二五条が保障する「健康で文化的な生活を営む権利」さらには、国際人権規約A規約第九条の社会保障に対する権利、第一一条の十分な生活水準の維持、そして第一二条の心身の健康など、生存権的基本権の保障であることを否定できないかぎり、国籍の違いを理由に排除するのは、国際人権規約に違反していることは明らかである。特に、くり返し指摘してきたように、援護もしくは補償の原因が国家自らの行為の結果発生していることを考慮するならば、生存権保障における内外人平等を国際条約で約束した後においても、国籍不保持という法形式だけで差別をつづけることは国際条約上の義務違反であるといわざるをえない。つまり、家族の生計を支えるべき男性が、日本政府によって戦争参加を強いられて生命を奪われ、あるいは身体を傷つけられたために、生活の困窮と健康維持の困難を余儀なくしながら、日本社会に居住しつづけている人びとに対し、日本国籍を有していないということだけで、補償と援護を拒否しつづけることは、国家責任の不当な回避であり、国際人権規約に抵触する不合理な差別である。人権規約批准から一二年を迎えるに当たり、すべての戦争犠牲者援護法から国籍条項を完全に撤廃することは、日本政府に課された緊急な課題である。

3　台湾住民の戦没者と遺族に対する補償と在日韓国・朝鮮人

日本政府は一九八七年九月二九日、「台湾住民である戦没者の遺族等に対する弔慰金等に関する法律」を制定・公布し、台湾住民である日本の旧軍人または旧軍属であった戦没者および戦傷病者で重度障害の状態にある者もしくはその遺族に弔慰金または見舞金を支給することにした。そして、翌年の一九八八年五月六日には「特定弔慰金等の支給の実施に関する法律」、そして同年五月一七日には、同法律の施行令を制定して、該当する台湾住民に弔慰金を支払った。

さて、終戦から四〇年近い歳月が過ぎてから、なぜこうした弔慰金の支払いを決意したのだろうか。さきの六三年の法律は、その趣旨を「人道的精神に基づき」定めると謳っている(同法第一条)。そして、弔慰金として「戦没者等または戦病者一人につき二百万円」(右の実施に関する法律第四条)を支払うとしている。つまり、台湾住民でありながら、旧日本軍または旧軍属として戦争に参加して死亡もしくは負傷した者に対する法的責任を認識して国家補償を行うものでなく、「人道精神」に基づく弔慰である。法的責任ではなく人道的精神に促されてわずか二〇〇万程度の弔慰金を払うために、四〇年の歳月を経なければならなかったことは異様にさえ思われるが、そのことが日本政府の自覚と反省によるものであったなら、また評価すべきことであるに違いない。いいかえると、この時点で「人道精神」に基づいてわずかばかりの弔慰金を払うようになったのは、日本政府の自発的措置によるものでなく、日本の軍人または軍属として負傷し、または死亡した台湾人またはその家族が、日本政府を相手に損害賠償を請求する訴えを提起したことに起因するものであった。

一九七五年二月「台湾人元日本兵士の補償問題を考える会」の結成を契機に、朝鮮半島出身の元日本兵および軍属と同じ立場にあった人たちの補償問題に対する社会的関心が高まり、一九七七年八月には、台湾在住の一三人が原告となって、日本政府に補償請求権の確認を求める訴訟を東京地裁に提起した。この訴えに対して、東京地裁は一九八二年二月に原告の請求を棄却する判決を、そして八五年八月には、東京高裁が地裁と同じく棄却する判決を行っている。これらの判決を詳細に吟味する余裕はないが、在日韓国・朝鮮人の戦後補償と関連する部分と右の「人道精神」を呼び起こしたことと関連するところだけについて簡単にふれておきたい。

まず、戦争犠牲者の援護について、東京高裁は、援護法は国が使用者としての立場から戦争犠牲者に補償しようとするものであり、恩給法による恩給等は支給が退職者の稼働能力の減耗に対する補償という性格を有し、生活保障的性格も含まれていることを確認している。そして、戦死傷による損害の補償・救済を自国民に対してのみ行う立法は、同時に他の立法または条約をもって、同様の境遇にある外国人に同種の補償、救済を付与するものであれば、不平等な差別ではない、と判旨している。そして、台湾住民については、日華間の条約による処遇を予定していたから、援護法・恩給法に設けた国籍条項は違憲ではないとしながらも、補償・救済の遅れについては、道義上の責任を負うべきことは当然であるとしている。さらに、同高裁の判決は、控訴人らがほぼ同様の境遇にある日本人と比較して著しい不利益を受けていることは明らかであるとして、早急にこの不利益を払拭し、国際信用を高めるよう尽力することが、国政関与者に対する期待である、と付言して、政府の怠慢に苦言を呈した。

右の立法措置が、判決でいう道義的責任と台湾人が受けている不利益の早急な払拭を指摘したことと、これに呼応する形で進められた議員立法の動きによるものであったことはほぼ間違いないようである。このように、「人道的精神」に基づく弔慰金の支給は、日本政府の反省と自覚によるものでなく、台湾人の補償請求の提訴によるものであったが、日本が太平洋戦争の犠牲者に対する戦後補償として、旧植民地住民の個人に直接支給したことは、やはり「画期的」であったといえるかもしれない。そして、東京高裁が判決の中で言及した、①援護法・恩給法が社会保障的性格を有すること、②他の立法または条約をもって、補償・救済するのであれば不平等な差別でないこと、そして、③補償・救済の遅れについて道義上の責任を負うべきことは当然であること、の三点は、在日韓国・朝鮮人の戦後補償を考えるうえで多くの示唆を与えるものである。

つまり、援護法・恩給法が社会保障的な性格を有するにもかかわらず、日本国内に居住する韓国・朝鮮人を排除することは、国際人権規約の内外人平等の原則に反することは右にみたとおりであり、第二点の他の立法または条約による補償・救済については、在日韓国・朝鮮人の場合は、後にみるように韓日協定によっても補償されていないとすれば、不合理な差別であるといわざるをえない。この問題は後に検討するとしても、第三点の補償・救済の不当な遅れは、戦後半世紀が近づこうとする今日まで放置されている実状をみるとき、法的責任はしばらくおくとしても、東京高裁が指摘する道義的責任は、在日韓国・朝鮮人について絶対に免れえないというべきである。文字通り「人道の精神」が問われる問題である。※〔その後二〇〇一年四月七日には、いわゆる「弔慰金等支給法」が制定・公布され、韓国・朝鮮人犠牲者にも台湾出身の人びとと同じく、弔慰金と生活支援金が支給されることになった。〕

三　韓日協定による民間請求権の解決と在日韓国人

1　「韓日請求権経済協力協定」について

一九六五年、日韓両政府は両国の国交正常化を定める基本条約の他に一連の協定を締結し、懸案事項の解決をはかったことは周知のとおりである。これらの協定の中には、在日韓国人の法的地位に関する協定が在日する韓国人に直接かかわるものであったが、強制連行された労働者、軍人・軍属として戦争の犠牲者になった者に対する補償については、明確にされないまま今日にいたっている。つまり、韓日両国間において締結された「韓日請求権経済協力協定」は「両締約国およびその国民（法人を含む）の財産、権利および利益並びに両締約国およびその国民の間の請求権に関する問題が……完全かつ最終的に解決されたこととなることを確認する」(同協定第二条一項)と謳って、両国間だけでなくその国民との間の財産、権利および利益そして請求権が解決されたとしている。そして、個人の財産、権利および請求権を政府間の合意によって解決することが一般国際法上認められるかどうかは非常に疑わしく後に検討することにするが(本章の四節参照)、右の規定だけをみるかぎり、在日する者で韓国籍を有する個人が対日本政府に対して有する権利・請求権までも最終的に解決されたようにみられる。このことは、その後戦後補償を求める在日韓国人の請求に対して、日本の行政当局が一貫して右の協定によって解決済みであると主張して拒否の態度を取りつづけていることによっても裏付けられているようにみられる。しかし、こうした理解が正当であるかは非常に疑わしく、議論の余地があることはいうまでもない。

なぜなら、右協定第二条二項は、「この条の規定は、次のものに影響を及ぼすものではない」と定め、同条一項が適用されない場合を明示している。それは、二項の(a)によると、「一方の締約国の国民で一九四七年八月一五日からこの協定の署名の日までの間に、他方の締約国に居住したことがあるものの財産、権利および利益」である。したがって、在日韓国人の財産、権利および利益には、右協定第二条一項の影響がおよばず、解決されていないことになる。このことについて、韓国政府は、韓日基本条約その他の協定について、国民の理解をうるために、同年七月三日付で発行した「大韓民国と日本国間の条約及び協定・解説」という冊子の中で次のように説明している。事の正確を期するため、該当する部分をそのまま紹介しておくことにする。

同解説は右協定第二条二項の(b)について、

「第一に、一九四七年八月一五日(一九四五年八月一五日以後約二年間に亘って、両国民の大部分が本国に帰還する等混乱期であったし、一九四七年になって在日韓国人が外国人として登録するようになったことによる)以後に、他方の締約国に一年以上居住したことのある者(同日時以前から引きつづき居住することによって、同日時以後に一年以上居住したことになる者を含む)の財産・権利および利益と、第二に、一九四五年八月一五日以後において、通常の接触(戦後の混乱期における本国帰還者の帰還する以前の取引は含まれない)の過程において取得し、他方当事国の管轄下にある財産・権利および利益は、既存の特別措置の対象になったものを除いて、規定の対象外になることになった。これは、換言すれば、現在日本に居住している僑胞(在留許可を受けている人は勿論、事実上の居住者も含まれる)の財産、権利および利益は……除外され」(同冊子八三頁—八五頁・傍点は筆者)る。

と明言している。そしてさらに、解説の要約として、「終戦以前のあらゆる両国および両国民の財産並びに請求権は本協定によってなくなる」としながら、「在日僑胞の財産および請求権は影響を受けない」ことを再度確認している(同冊子八五頁)。

以上みたように、右協定第二条二項および(a)規定の文言だけでなく、韓国政府の公の見解からも、六五年の請求権協定によって在日韓国人の対日本政府に対する権利・請求権が解決されたと理解することはとうてい無理であることがよくわかる。ただ、右協定第二条二項(a)によって適用除外の対象になった事項には、「財産・権利および利益」に限定され、同条一項が最終的に解決されたとする「両締約国およびその国民の間の請求権」が含まれていないことが何を意味するのか若干気にかかる。しかし、日韓交渉の記録をたどってみると、韓国政府は当初「請求権」も含めて提案したが、この場合の請求権とは、国家が外交的に主張する国際法上の請求権(claim)であり、適用除外の対象にすることは適切でないとする日本側の主張をいれてはずしたということである(このことについては、韓日外交資料[韓国版]一九六五年編一五四四頁および『法律時報』一九六五年九月号福田博論稿、そして韓国放送通信大学教授鄭印燮氏の「在サハリン韓人に関する法的諸問題」韓国国際法学会論叢第三四巻二号など参照)。

2　韓国の対日民間請求権補償法と在日韓国人

さて、韓国政府は、右の請求権・経済協力協定により、民間請求権と経済協力をだきあわせて一括解決をはかり、無償三億米ドルと有償二億米ドルを日本から受け取ったが、この無償三億米ドルの中から、韓国国民が有する対日本政府請求の補償を行っている。韓国政府は、右協定の発効後、「請求権資金の運用および管理に関する法律」を制定して韓国国民が有する対日本政府請求権を国内的に補償することにした。そして、一九七一年一月には「対日民間請求権申告に関する法律」を制定して請求権申告対象の範囲などを定め、同年四月には右申告に関する法律の施行令を制定して、軍人・軍属または労務者として死亡した者およびその遺族の基準と申告を審査する管理委員会を設けた。

ところで、右請求権申告に関する法律の第二条一項が申告対象の範囲を九項目にわたって仔細に規定している。とくに一項第九号には、「日本国によって軍人・軍属または労務者として召集もしくは徴用され、一九四五年八月一五日以前に死亡した者」を申告対象としてかかげている。この規定からもわかるように、補償の対象を旧日本軍・軍属あるいは労務者として戦争に参加し、労務に従事して死亡した者に限定し、負傷した者を除外していることが注目される。そして、在日韓国人については、同条一項の導入部において、右にみた協定第二条二項(a)の規定にしたがって、つぎのように定めている。それは「この法の規定による申告対象の範囲は、一九四七年八月一五日から一九六五年六月二二日まで、日本国に居住したことのある者を除いて……」となっている。すでにみたように、協定の文言、そして韓国政府の公式見解から判断すれば当然のことであるが、韓国の国内法によっても明文規定をもって、在日韓国人が補償の対象から除外されている。

以上、かいつまんではあるが、請求権協定の規定、韓国政府の公式見解、そして韓国国内法を吟味したことから判断すれば、六五年協定によって在日韓国人の権利・請求権が解決されていないことは疑う余地がまったくない。にもかかわらず、日本行政当局が「解決済み」だという態度を取りつづける理由と根拠は那辺にあるのだろうか。こうした態度が日本政府の統一した公式見解であるとすれば、協定の解釈に関する韓日両国間の重大な対立であり、外交的折衝によって早急に是正されなければならない問題である。とくに国際法を専門に研究している筆者が理解に苦しむのは、日本行政当局の見解が韓国政府のそれと明らかにくい違うにもかかわらず、外交ルートを通じた異議もしくは抗議をすることなく、沈黙を守りつづける韓国政府の態度である。毅然とした姿勢で臨んでくれることを強く希望してやまない。

四 私人の権利・請求権と条約による処理

1 私人の財産・権利と国際法

国際法は、国家をその法主体とし、国家の行為および国家関係を規律する法であると定義され、国際法によって権利を享有し義務を負うのは主として国家だけであると理解されてきた。もっとも、国際社会の組織化による国際機構の発展、そして人権の国際的保障による国際人権法の定立によって、国際機構と個人をも限定的ではあるが国際法の法主体と考えるようになっているのも事実である。しかし、私人の財産・権利とりわけ国家に対して有する権利もしくは請求権は、原則的に国際法あるいは国家の意思と行為によって阻害されない。つまり、外国人の財産・権利であっても、緊急事態あるいは国有化など例外的状況を除いては尊重されなければならず、在外自国民の財産・権利についても、それが不当に侵害され、かつ救済されない場合に、当該個人の意思に関係なく、国際法上認められる外交保護権の行使に止まり、個人に代わって当該権利を放棄することはできない。したがって、外国人が居住する国家に対して有する権利または請求権について、当該権利が不当に侵害され、あるいは請求権が認められない場合に、裁判所への提訴など国内の救済手続を尽くしても救済されないときに、その本国が介入できるだけである。そしてこの場合に、本国が放棄できることは、国家の権利として認められる外交保護権だけであって、自国民の権利もしくは請求権ではない。

2　国家間の条約と個人の権利・請求権

太平洋戦争の戦後処理の過程において、戦争遂行中の敵国または敵国民の行動によって発生した請求権を放棄した事例はたしかにある。たとえば、サンフランシスコ平和条約の中で、賠償および在外財産の処理について定めた第一四条の(b)項は「……連合国は、連合国のすべての賠償請求権、戦争の遂行中に日本国及びその国民がとった行動から生じた連合国及びその国民の他の請求権……を放棄する」と定めている。また、平和条約ではないが、一九五六年一〇月に日本とソヴィエト連邦との間に交わされた「日ソ共同宣言」も、その第六項において「……一九四五年八月九日以来の戦争の結果として生じたそれぞれの国、その団体及び国民に対するすべての請求権を、相互に、放棄する」と謳っている。

このように、戦争状態を終結させる平和条約または共同宣言の中で、戦争遂行中に、敵国または交戦国およびその国民の行動によって生じた請求権を、一方的にまたは相互に放棄する場合が多いことはたしかである。これは、明確な理由もしくは根拠は必ずしも定かでないが、戦争という異常な事態において発生した問題を国交正常化という政治目的のために一括解決するという意図があることはたしかである。しかし、この場合でも、条約によって「国民の請求権」に関し、国家が国際法上享有する外交保護権を放棄することに止まり、当該個人が有する請求権が消滅することを意味するものではない。ただし、その請求権が国際法違反の結果生じた損害に関する場合は原爆訴訟にもみられるように、個人として請求権を行使することは困難であることが実状である。

3 日韓協定と民間請求権

さて、右にみたように、戦後処理の過程において交戦国の間に交わされる条約もしくは宣言の中で、国家の請求権だけでなく、国民の請求権までも放棄する場合がみられるが、それはあくまで国家の請求権、つまり、自国民の請求権に対する外交保護権の放棄に止まるものであって、法理的に当該個人の請求権の消滅という効果を有するものではないと考えるのが至当である。それでは、日本と韓国の政府間協定によって確認された「……完全かつ最終的に解決された」ことを法的にどのような意味と効果をもつと考えるべきだろうか。つぎに、この問題をかいつまんで吟味することにする。

一九六五年、日本と韓国の間において締結された基本条約は、戦争状態の終結を内容とする平和条約ではなく、日本の敗戦により一九一〇年から一九四五年までつづいた日本の朝鮮半島に対する植民地支配の終結と韓国の独立を法的に承認する性質を有するものであった。そして、植民地支配およびその過程において、日本帝国の行為によって生じた諸問題と国交正常化に伴う懸案事項の解決をも併せてはかった。その中で提起された事項の一つが民間請求権であったのである。韓国政府は交渉過程において、八項目にわたる請求要綱を日本側に提示しその解決を迫ったが、その第五番目の項目に、「韓国法人または韓国自然人の日本国または日本国民に対する日本国債、公債、日本銀行券、非徴用韓国人の未収金、補償金およびその他の請求権の返済要求」を、そして第六番目の項目に「韓国人(自然人・法人)の日本政府または日本人に対する個別的権利行使に関する項目」を掲げ、いわゆる民間請求権の解決をはかろうとした。ところが、サンフランシスコ平和条約第四条(b)項による在韓国日本人の財産権の放棄をめぐる対立と請求項目の法理と事実関係の立証をめぐって紛糾したために、いわゆる「金・大平メモ」によって、経済協力を絡める形で一括して政治的な妥協をはかる方法をとったのである。したがって、右の民間請求の中で、どの項目がいかなる事実関係の認識で、また、どの程度の金額で解決されたか何も示されていない。にもかかわらず、右にくり返し確認したように「……両締約国およびその国民の間の請求権に関する問題が……完全かつ最終的に解決された」としている。

植民地支配および侵略戦争の過程における日本帝国の行為によって被った精神的物理的損失を、このような政治的妥決によって「最終的に解決された」としたことは測り知れない悔いと問題を残したが、この問題はさておき、こうした解決は法的に何を意味するだろうか。右にみたように、国際法上、国家が自国民の権利または請求権に関与できるのは、個人による権利救済または請求権の解決が不当に拒否されたときに行使できる外交保護権による場合だけである。したがって、日本政府の行為によって生じた韓国人の対日本政府請求権は、韓国政府によって解決したり放棄したりすることは、政治的には別としても法的には認められない。右の協定が法的に有する効果と意味は、民間請求権をめぐる問題について両国政府のレベルで解決したことにすぎない。いいかえると、この協定によって、韓国政府は自国民の民間請求権について外交保護権を行使できなくなっただけである。このことは、日韓協定の交渉過程および日本国会審議過程において、日本がサンフランシスコ平和条約第四条(b)項で承認した韓国内の日本国および日本国民の財産の処理について、日本国民の財産については外交保護権を放棄しただけで、国民の財産権・請求権には影響をおよぼしていないと主張したことによっても裏付けられる(たとえば一九六五年一一月五日の衆院日韓特別委員会における椎名外相の答弁)。

以上、簡単にみたように、日韓協定によって最終的に解決されたのは、韓国に在住する韓国国民の権利・請求権について、韓国政府がその外交保護権に基づき主張もしくは請求できないことに止まり、協定第二条二項によって適用除外になった在日韓国人はもちろん、韓国内に在住する被害者が日本政府を相手に損害賠償または補償を求める権利は何ら影響を受けていないことは明白である。にもかかわらず、日韓協定によって解決済みであるとして、国内的補償請求を拒否する行政当局の態度は、国際法上の基本原則並びにこれに対する日本政府の右にみたような基本認識と矛盾するものであり、とうてい容認できないものである。

おわりに

以上、在日韓国・朝鮮人に対する戦後補償問題を法的側面から考えてみたが、結論的につぎのいくつかのことを確認できると思う。

まず最初に、主権平等の原則に反し、強制的に締結された併合条約が国際法上違法かつ無効であり、当時はまだ国際法上の権利として確立されていなかったとはいえ、民族自決を否定し、侵害するものであって、こうした行為に基づいて行われた植民地政策とりわけ、民族抹殺=文化的ジェノサイドと非人道的虐待に対する法的責任を、言葉ではなく文言によって明確にする必要がある。

そして、次に、侵略戦争という日本帝国の国家目的のために、徴兵・徴用という名目で戦場と炭鉱などに動員されて、命を失い、体を傷つけられ、あるいは牛馬か奴隷にも劣る条件の下で強制労働を強いられ、戦後も引きつづき日本の管轄の下に居住している人びとに対して、「国家補償の精神」さらには生存権の尊重に基づいて、日本国民に認められている補償や援護と同じく処遇することは、日本国の行為によって生じた結果に対する法的責任であり、国際人権規約が保障する内外人平等の原則によって義務づけられていることである。

そして最後に、日韓民間請求権協定によって最終的に解決されたのは、韓国政府が自国民の対日本請求権につき、国際法上国家に認められる外交保護権を主張できなくなったという法的効果に止まり、被害者個々人が日本政府を相手に権利・請求権を主張することは妨げられないのである。とりわけ、在日韓国人については、韓日協定の適用除外になることを協定の明文規定が謳っており、両国政府間においても解決されていないことは明々白々である。したがって、日本国内に居住する韓国・朝鮮人が日本政府に対し、補償を要求することは正当な行為であり、当然の権利であって、これを拒み続ける行政当局の態度は、道徳的にまた法的に容認できない。

第二部　多民族共生社会を目指して

1 多民族・多文化社会と在日韓国・朝鮮人
――「内なる国際化」と民族教育

はじめに

「国際主義」、「国際化」あるいは「国際人」と、文字どおり枚挙にいとまのないほど、「国際」またはインターナショナルという文字と言葉が日本社会ほどに氾濫している社会は他にはないといっても誤りではないだろう。ここ数年の間には、とくに、「国際化」という言葉または問題が、さまざまな人によりさまざまな場所においてとりあげられ、議論されるのがとみに目立ってきた。しかし、こうした「国際」をめぐる言葉がもてはやされ、あるいは議論がさかんであるということが、日本という社会もしくは日本人の価値観または行動様式が国際的であるとは、かならずしもいえない。それどころか、筆者から見るかぎり、国際ないしは国際化という言葉だけが一人歩きしていて、その本当の意味あるいはあるべき意味は何か、問われないままになっているような気がしてならない。つまり、「国際」という言葉がもてはやされ、国際化が叫ばれながら、一見してこれに反することがわかる価値観または考えが依然としてこの社会を支配している。

いいかえると、国際化と言う言葉の意味を「自らとは異なる他の国家、民族あるいは人々との交わりないしは関係を頻繁かつ緊密にすること」であると理解することに大きな誤りがないとすれば、国際的とか国際化とは他の国家・民族または人々の存在を認めるということが大前提になるはずである。そして、国家を除く「民族」とか「人々」とは、国外に存在する場合に限らず、国内に存在する他の民族または人々が含まれることは当然である。ところが、このような国際化とは両立しないはずの価値観またはイデオロギーである「単一民族国家」論とこれに支えられた考えと行動、より具体的にいえば他の民族と人々の存在さえ認めようとしない同化の思想と政策がしつこく幅をきかせつづけている。つまり、日本は単一民族国家であり単一文化社会であるという考えとそれに基づく行動が、日本民族以外の存在を否定し排除することは当然の論理的帰結であり、その数の多少に関係なく他の異なる民族または人々の存在を認める多民族・多文化社会という考えが入る余地などそこには全くない。

もっとも、第二次大戦後の国際社会が国際連合を中心に努力してきた結果、著しい発展と成果を達成できたといえる人権の国際的保障に関する宣言と条約などが、こうした考えと行動に少しずつではあるが変化をもたらそうとしていることもたしかである。一九を数える国連採択の人権諸条約の中で、日本が批准または加入をしたのはまだ五つの条約にすぎないが、このうち一九七九年に批准した「国際人権規約」そして一九八一年に批准をした「難民条約」は、内外人平等の原則により、国籍だけを理由にした不合理な外国人差別の壁に穴をあけ、従来かたくなに拒み続けてきた他民族の日本への移住を少数ながら認めるようになった。さらに、近い将来に批准されると予想される「女性差撤廃条約」に抵触する父系血統主義の国籍法が父母両系血統主義に改正され、これに併せて、従来認めようとしなかったキムまたはスミスといった外国類の姓と名が戸籍上用いられるよう戸籍法も改められた。こうした一連の出来事は、いずれも長い歴史の過程で形成され定着した社会通念または常識を根底から覆すものであり、大げさにいえば意識革命の起爆剤にさえなる可能性を秘めるものであるといえる。※〔たとえば戸籍法一〇七条は、外国人と結婚した者が外国人配偶者の氏名を使用できると定めている。〕

しかし、単一の民族と文化の社会であるという幻想に根づいた他民族・他文化に対する排他的または拒否的な態度を変えるまでにはいたらず、日本国社会には、アイヌおよび韓国・朝鮮人さらには中国人など、いわゆる少数民族が存在するという厳然たる事実さえ認めようとしない。なかでも、日本国籍と韓国・朝鮮の国籍を有する者を含めて八〇万人を数える韓国・朝鮮人の民族性を積極的に認めようとせず、「市民的政治的権利に関する国際規約」第二七条がその権利尊重を求めている民族的少数者であることを拒み、差別と管理・支配による同化政策を維持しようとしている。そしてこの同化政策を支え促進しているのが同化教育行政による民族教育否定である。

このように、日本の今日的状況は、単一民族国家という幻想、それでいてほとんどの人々が疑わない虚構の思想に基づく他民族の排除と拒否が執拗につづけられている一方で、他の民族の存在を認め、異民族間の共存を前提とする国際化とくに人権保障の国際化の潮流が押し寄せているという一見して相反する状況が併存している。本章では、こうした二つの状況つまり単一民族国家論に根ざした同化の思想と政策そして多民族・多文化社会観に基づく異民族・異文化の共存を前提とする国際化を対置させ、日本国内の最大少数民族である在日韓国・朝鮮人に焦点をあてつつ、多民族・多文化社会観の定着と他民族との共存を認めるいわゆる「内なる国際化」の達成の可能性を探ってみることにする。

一 単一民族国家観と国内マイノリティ

1 単一民族国家観

日本という国家が、単一の民族と文化から成り立っている社会ではないということは、アイヌ民族および韓国・朝鮮族の存在だけをみてもわかる。このように「単一民族国家観」は、事実に反する「幻想」にすぎないことはいまさら指摘するまでもないが、それが内包する重要性と問題性は、事実との関係を離れて、長い間日本社会および日本人の考えと行動を支配してきている一つの思想または信仰にさえなってきたということである。つまり、たしかに日本社会を構成する者の圧倒的多数は「日本民族」であるとはいえ、単一民族国家という考えは、他の少数民族の存在をはじめから否定し排除するものであり、異民族に対する基本的態度を形成する重要な要素となっている。それは、自らと異なる民族集団に対し、その集団が国内または国外のいずれに存在しようが、異なることを理由に排除し差別するか、あるいは同化の強制によって他民族の存在自体を否定し消滅をはかろうとする態度に表れている。より具体的にいえば、国内では、アイヌそして沖縄の独自性または固有性を尊重するのではなく、同化と差別をくり返し、対外的には、朝鮮半島を植民地化し、いわゆる「皇民化政策」によって朝鮮民族の抹殺をはかろうとしたという歴史的事実がある。そして、「民主主義」を標ぼうする戦後の社会にあっても、国内の少数民族の存在とその独自性を尊重しようとせず、差別と同化による「単一民族国家」の幻を追いつづけてきたことは否定できない。なかでも、在日韓国・朝鮮人に対する差別と同化の強制は、植民地支配下における皇民化政策と本質的には変わるものでなく、単一民族国家観に支えられた排他的民族主義は基本的に変わっていないといっても間違いではなさそうである。したがって、国内の民族的マイノリティとくに在日韓国・朝鮮人の存在を認め、その民族性を尊重することは、単一民族国家という幻想と信仰から脱却し、多民族・多文化社会観を定着させるために不可欠の要件である。

2　日本の国際化と国内マイノリティ

現代国際社会は、人と物の交流が緊密化し頻繁になってきたばかりでなく、あらゆる分野における相互依存関係が日を追うごとに深まりつつある。そのような国際社会の発展は日本社会にもさまざまな形で波紋と影響を招来し、すでに触れたように、口を開けば「国際化」といっているほどに、「国際化」がもてはやされている。しかし、こうした従来の国際化をめぐる考えと議論は、常に外国または国外の人々との交流とか接触が主たる内容になってきている。このこと自体はもちろん非難されるべきことではなくむしろ当然であるとさえいえる。ところが、国際化とは所詮、自らとは異なる国家・民族また人々との交流であり、そのためには、それら異なる実体の存在を認め、その独自性を尊重し、それらとの共存を維持・発展することであると理解するなら、国外ばかりでなく、国内のそうした実体つまり国内のマイノリティを認めその民族的独自性を尊重し、異民族間の共存をはかること、いいかえるなら「内なる国際化」の達成なくして真の国際化は不可能であるとさえいえる。

ところが現実は、従来の国際化は国外にのみ向けられ、それもどちらかといえば、依然として脱亜入欧論に根ざした欧米諸国およびその人々との交流が主流をなしてきているのが実情である。そして一方、国内社会では、異なる民族の存在さえ認めようとせず、国籍だけを理由にする不合理な差別を温存させ、他民族に対する排他性と閉鎖性は依然根強い。このことは、昨年(一九八四年)一二月、長野県教育委員会による韓国籍教員の採用が文部省の不当な介入によって取り消されるという、異常なまでの単一民族国家主義的反応には、改めてその根深さを確認させられ、驚きさえ覚える。こうした文部省の措置が、働く権利と職業選択の自由を保障する国内法はいうに及ばず、日本が受け容れた国際人権規約の内外人平等原則さらには教員の雇用において国籍差別を禁止しているユネスコの「教員の地位に関する勧告」に抵触することは、文部省自身が他の誰よりも一番よく知っているはずである。にもかかわらず、そのような態度をかたくなにとりつづけることは、「自国民の教育は自国民が行うべきだ」という発言にみられるように、国民＝日本人以外はこの社会の住民とさえ認めようとしない排他主義による教育行政の支配を意味するものに他ならない。

このように、他の民族と文化に対する理解と尊重の心を培うべき教育の場においてさえ、多民族・多文化社会観が通用しないようでは、日本の国際化は依然としてお題目にすぎないものであるという非難を免れることはできない。「国内に異文化を数多く持たない高度単一組織の日本人にとり、その数少ない異文化を大事にし、それとの折り合いを正していくことの重要性を痛感する」という声に耳を傾け、まさに少数であるからこそ、異なる民族の存在を大事にし、その固有の文化の継承・発展を尊重することが、日本の国際化を正しくかつ早急に達成するみちではなかろうか。そのためには、従来の同化教育に終止符を打ち、民族教育を保障することが何にもまして重要であり必要である。

二　同化教育と在日韓国・朝鮮人の民族教育

異民族の存在さえ認めようとしない単一民族国家観に根ざした同化の思想は、在日韓国・朝鮮人に対する教育行政に最も顕著に現れている。つまり、第二次大戦後、植民地支配から解放された民族として、自らの努力によって行うとした民族教育は、一九四八年の「阪神教育闘争」に象徴される弾圧によって、民族学校を閉鎖され、その後は民族学校の不認可などの民族教育を否定する教育行政の結果、在日韓国・朝鮮人の児童・生徒は、その約八〇%以上が日本の学校で日本人として教育を受けさせられているのが実情である。こうした民族教育の否定は、その本質または根源においては、植民地支配時代における「皇民化」政策と軌を一にするものである。

つまり、「一視同仁」の名の下に、創氏改名の強制による民族名の剥奪など、いわゆる「皇民化政策」は、朝鮮民族をこの地球上から抹殺しようとした植民地政策であるが、その中心的役割を果たすのが同化政策であり同化教育であった。一九一九年三月一日の独立運動により、それまでの武断統治から文断統治に切り替えた植民地統治は、とくに教育による「忠良ナル国民ヲ育成スル」ために、学校教育における朝鮮語・朝鮮史などの民族教育をやめさせて、民族の魂を奪う教育を施すようになった。そして、民族語を教えないだけでなく、「国語使用」という運動を強行しては、日常会話における民族語の使用さえも禁止するという暴挙に出てしまった。

このように、植民地支配の永続化を図り、「内戦一体」による侵略戦争への総動員を推進する魂胆から民族性を抹殺しようとした同化政策は、太平洋戦争の終結に伴ってもちろん破綻するが、日本に存在する韓国・朝鮮人に対する政策なかでも教育行政の中には、そのまま温存されるようになる。つまり、日本の植民地支配から解放された在日韓国・朝鮮人は、その子どもたちに民族の言葉、歴史などの教育を施すために、一九四六年九月までには、五二五校の初級学校を含む相当数にのぼる自主学校を設けた。しかし、一九四七年一〇月、占領軍民間情報局が出した「朝鮮人諸学校は、……日本の全ての指令に従わしめるよう日本政府に指令する」という基本方針を受けて、一九四八年一月には、文部省の学校教育局長による「朝鮮人設立学校取り扱いについて」という通達を出し、①朝鮮人の子弟でも日本人同様、市町村立または私立の小学校または中学校に就学すること、②私立の小学校の設置は知事の認可を受けなければならない、③学齢児童または学齢生徒の教育については各種学校の設置は認められないこと、など、民族学校にも日本の学校教育法を適用する方針を打ち出し、朝鮮語などは課外教育としてのみ認めるとした。その結果、それまでの自主学校が右の通達の内容に抵触するとして閉鎖措置がとられ、これに反対する朝鮮人と警察および米軍との間に、一九四八年四月二四日から二六日にかけて大規模な衝突が発生し、大阪では金太一《キムテイル》という少年が射殺されるという事件にまで発展した。これらの一連の事件を「阪神教育闘争」というが、その後は、民族団体と文部省または大阪府などとの間で交わした覚書の中に、民族教育を課外授業または自由研究の形で行うことを謳うが、一九四九年の二度目の閉鎖措置により、民族学校は各種学校として再出発することになるものの、進学上の差別などがあって、ほとんどの韓国・

朝鮮人児童・生徒が日本学校への就学を余儀なくされた。

そして、日本学校に学ぶ韓国・朝鮮人児童・生徒の民族教育については、一九六五年の韓日協定発効直後に出された文部次官の通達により、「朝鮮人の教育については、日本人子弟と同様に取り扱うものとし、教育課程の編成・実施について特別の取り扱いをすべきでないこと」さらに、「朝鮮人学校については……学校教育法第一条校として認可すべきではないこと」また「朝鮮人学校は……各種学校の法的地位を与えられる積極的意義を有するものとは認められないので……認可すべきでないこと」を明らかにし、同化教育の強化と民族教育の否定の姿勢を一層鮮明に打ち出している。

その結果、今日、大阪府・市などにおけるいくつかの学校で、課外授業またはサークル活動という形で、民族の言葉と文化に接する機会が与えられているだけで、ほとんどの学校においては、右の通達どおり、まさに「日本人同様に」取り扱われ、同化教育が強行されてきた。そのため、こうした教育を受けた在日韓国・朝鮮人は、自らを民族にアイデンティファイすることができず、同化の嵐のまっただなかで漂い続けている。※〔もっとも、その後の努力により、大阪では二〇〇四年現在、一九八を数える民族学級が設置されるようになった。ただ依然として課外活動として認められており、真の制度的保障にはなっていない。〕

三　人権保障の国際化と民族平等

世界人権宣言および国際人権規約を中心とする国際人権法は、非差別・平等をその基本原則とし、すべての個人に最低限度の人権と基本的自由を平等に保障することをそのレゾン・デートルとしているが、歴史的にみてもあるいは今日の発展をみても、民族的集団の地位または権利の保護に格別の注意を払ってきている。

つまり、人権の国際的保障の制度的萌芽といえる国際連盟の少数者保護は、主として東および中央ヨーロッパにおける少数民族の権利を保護するためであったし、国連憲章および国際人権規約はとくに、人民または民族の自決権に言及している。たとえば、日本が五年前に法として受け容れた「国際人権規約」は、両規約共にその第一条において、民族または人民の自決権とこの権利に基づいてその文化的発展を追求する権利を保障している。また、「市民的および政治的権利に関する国際規約」の第二七条は、民族的少数者が自己の文化を享有し、自己の言語を使用する権利は否定されないと明記している。このように、民族という集団の基本的権利を擁護し、民族または人種間の平等を達成しようとする国際文書は、他にも、たとえば日本が受け容れ準備をしている「人種差別撤廃条約」あるいは「集団殺害の防止と処罰に関する条約」さらには「アパルトヘイトの抑止と処罰に関する条約」などがあげられる。このように、国際人権法は、個人だけでなく民族または人種間にも、非差別・平等の達成を、基本的な原則とし理念としている。

そしてこの原則と理念は、他の人種または民族を、多数者または少数者のいずれであれ、その存在と独自性を尊重するという、いわゆる多民族・多文化社会観の確立が達成されないかぎり、その実現は不可能である。したがって、国内社会に他民族の存在さえ認めようとしない「単一民族国家観」は、国際人権法が達成しようとする原則および理念と両立することは不可能であり、今後とも間違いなく日本社会への受容が増え続ける国際人権諸条約の遵守と実施が、多民族社会観の確立を不可避にすることは確実である。なかでも、人種差別撤廃条約は、自らの人種もしくは民族の優越性を強調し他の人種または民族に対する差別を正当化しようとする「人種主義(racism)」の廃絶を目指しており、単一民族国家観に基づいた他の民族とくに国内少数民族に対する差別と同化の強制は、間違いなく「人種主義」と軌を一にするものである。人種差別撤廃条約の批准と実施は、単一民族国家的発想と行動の見直しと、異民族間の相互尊重と共存を基礎にした多民族社会的発想と行動をいやおうなく迫られることになると思われる。

このように、人権保障の国際化または国際人権法がその達成を目指している非差別・平等は、すべての国内社会における個人および集団間の相互尊重と共存を確立することによってはじめて、その達成が可能である。一九七八年、ユネスコ総会が採択した「人種および人種的偏見に関する宣言」が、「すべての個人および集団は異なって存在する権利を有し、自ら異なる存在と見做し、また異なる存在として尊重される権利を有する」と謳っているのも、個人ならびに集団の間における民族的、文化的またはその他のあらゆる違いを相互に認めあい尊重しあうことによってはじめて、非差別・平等の社会さらには平和的社会を築くことができるという信念によるものに他ならない。こうした信念または理念は誰ひとりとして否定することはできず、日本の国内社会に普及し定着させていくための努力は、単一民族国家観からの脱皮を図り、多民族社会的発想を確立するうえで、必要かつ重大な課題であろう。そして、この課題は、在日韓国・朝鮮人をはじめとする国内少数者の民族的・文化的独自性を尊重し、それとの共存を確立する努力からはじめなければならないことはいうまでもない。

四 教育の国際化と多文化・多民族教育

長い間社会に定着し、人々の考えと行動を支配してきた思想またはイデオロギーを変革していく作業は、教育を通して行うことが最良かつ最短の方法である。したがって、単一民族国家観からの脱皮と多民族社会観の確立という右の課題も、教育におけるさまざまな努力によってはじめて達成できると考えられる。そして幸いに、ここ数年、日本においても、教育の国際化または国際人の育成という問題が頻繁に議論されるようになってきた。とくに最近では、日本の教育制度のあり方を考えている「臨時教育審議会」において、教育の国際化が主要な関心事項になっている。しかし、どのような内容によりどのような目的を達成することが教育の国際化になるかは必ずしも明確ではなく、他の分野における国際化の議論と同じく、国内社会の異文化・異民族に対する理解という視点が欠落していることだけは間違いないようである。

教育の国際化はどうあるべきか、について深入りする余裕はないが、この問題を考える場合、国際人権文書が各国にその達成を要請している教育の目的を看過することはできない。つまり、世界人権宣言および経済的・社会的および文化的権利に関する国際規約は共に、教育が、人権と基本的自由の尊重を強化すべきことと並んで「……諸国民の間及び人種的、種族的又は宗教的集団の間の理解と寛容および友好を促進すること」を可能にすべきであることを謳い、人権規約当事国はこれに同意している（社会権規約第一三条）。さらに、国際教育を考える場合、文字どおりよるべき基準といえるもので、一九七四年、ユネスコ総会が採択した「国際理解、国際協力及び国際平和のための教育並びに人権及び基本的自由についての教育に関する勧告」は、その指導原則(4)の中で、「すべての民族並びにその文化・文明、価値及び生活様式に対する理解と尊重」を教育が達成すべき目的の一つとして掲げている。

これらの文書が謳う教育の目的と原則は、日本もすでに合意をし、条約上の義務として受け容れている。したがって、日本の学校教育における国際教育の議論は、こうした目的と原則に依拠することなくして進めることはできないはずである。ところが、これまで教育の国際化を考える人々の念頭には、右の国際人権文書が求めている目的と原則、とりわけ、他の民族と文化の理解と尊重に関する教育は観念上の認識さえ存在しなかったようである。しかし、少なくとも教育の国際化ないしは国際教育を標ぼうするかぎり、この問題は避けて通れないはずであり、他の民族と文化を口にする以上、国内社会の異なる民族と文化に対する理解と尊重を抜きにしてはできない。さらに、異なる他の民族と文化の理解と尊重は、当該民族の独自性と文化の担い手としての努力を尊重しなければならないことはいうまでもない。

以上のことからもわかるように、日本における教育の国際化は、他の異なる民族と文化とくに在日韓国・朝鮮人の民族性と文化の理解と尊重を抜きにしては達成できない。いいかえると、在日韓国・朝鮮人は、日本の学校教育にとって恰好の国際教育、つまり異民族・異文化体験の対象になりうるのである。したがって、他の国際化同様に、国外とくに欧米諸国にだけ顔を向ける国際教育ではなく、国内の異なる民族と文化の理解と尊重の教育を進めることが何よりもまず必要である。そのためには、ヨーロッパのEC諸国が、とくに移住労働者の子どものために、積極的に取り組んでいる、「多文化(multicultural)」または「異文化間(intercultural)」教育を、学校教育の中に導入し、在日韓国・朝鮮人に民族教育の機会を保障することが当面の課題であるといえる。また、こうした教育によってはじめて、単一民族国家観からの脱皮も可能であることはいうまでもない。

五　国籍法・戸籍法の改正と多民族社会

周知のように、新しく改正された国籍法と戸籍法が今年(一九八五年)の一月一日から施行された。まず、国籍法は、長い間維持されてきた父系血統主義から父母両系の血統主義に改められ、それに伴うさまざまな問題、たとえば二重国籍者による国籍選択または父系血統主義のために日本国籍を取得できなかった者への経過措置などがとられた。また、戸籍法は、外国人と婚姻した者または外国人を父もしくは母とする者が外国人である配偶者または父もしくは母の氏を戸籍上称することができるとしたことが、本章との関係では注目される。

国籍法が従来の父系血統主義を離れて父母両系血統主義を採用した直接の契機は、父系血統主義が男女平等に反する女性差別であり、とくに日本が批准を予定している女性差別撤廃条約の基本原則に抵触するということにあった。したがって、この改正の直接的効果は、国籍法における男女平等の実現であるといえる。しかし、今回の改正は、父系血統主義を長年支えてきた思想、つまり外国人または他の民族の子どもには日本国籍を賦与しないという考え、いわば単一民族国家観に基づく排他的思想がもはや国籍法を支えられなくなったということを意味するものと理解して間違いないだろう。そのような意味で、本章が問題とする単一民族国家観からの脱皮と多民族国家観の確立にとって、今回の国籍法改正は、戸籍法の改正と併せて、少なからぬ効果をもたらしうるといえる。

つまり、戸籍法が、外国人である配偶者・父または母の氏を戸籍の上で使用することができるとしたのは、従来の国籍・戸籍行政から一八〇度の転換を意味するものであった。とくに、帰化に伴う氏の使用について、外国人の本名の使用を認めず、日本類の名前の使用を強制してきたことは周知のとおりである。こうした従来の行政は、帰化つまり国籍取得を日本人化と同じくとらえ、外国人または他民族のまま日本国民になることを拒みつづけたのであり、ここにも、単一民族国家の幻想または信仰がまといついていたのである。今回の改正によって、カタカナの氏を含む外国人の名前が戸籍上使用できるようになったことは、日本人または日本民族でない日本国民の存在を法制上認めることになり、戸籍法に関するかぎり、多民族社会へと一歩踏み出すことになったといえそうである。

しかし、こうした積極的評価が、今回の改正に最も重大な利害関係と関心を有する当事者といえる在日韓国・朝鮮人にとっても、そのまま当てはまるとはいえないようだ。その理由の一つは、韓国・朝鮮人と日本人との国際結婚が急増し、旧国籍法では、男性が韓国・朝鮮人である場合は日本国籍がその子どもに賦与されなかったが、今回の改正により、男女のうちいずれか片方が日本国民であれば、その子どもは生まれたときから自動的に日本国籍を取得するために、同化の傾向に一層の拍車をかけることになるということである。しかも、改正国籍法は、法律の施行日(一九八五年一月一日)に二〇歳未満の者で、生まれた時および届出の時にその母が日本国民であるときは、日本国籍を取得できるとしているために、右の憂慮は一層深刻である。つまり、すでにみたように、戦後四〇年に及ぶ同化政策と同化教育さらには民族差別によって、民族的素養を涵養する機会がなく、民族にアイデンティファイできない状況の中で、日本国籍取得だけが容易になった結果、民族性を維持したままの日本国籍取得はほとんど期待できないのが実状である。したがって、戸籍法の改正により、本名のまま日本国籍を取得できるようになったことが、民族性を維持しつつ日本国民になり、多民族社会への発展を触発することにはなりにくい。

つぎに、今回の改正により、父が韓国・朝鮮人であり母が日本人である子どもの場合、旧法の下で生まれた子どもと新法施行後に生まれる子どもとの間には、国籍が異なり、同じ兄弟の間にも韓国籍と日本籍という事態が発生している。そのため、国籍の選択または名前の使用をめぐって、国際結婚家庭に戸惑いと混乱を招来している。こうした混乱が今後具体的にどのような影響もしくは効果を在日韓国・朝鮮人社会にもたらすかは予測し難いが、同化と差別という現状にあって、積極的に韓国・朝鮮籍を選択することを期待できないことはたしかであり、国籍の選択をめぐって、親子または兄弟の間に心のひずみが生じて、深刻な家庭問題になりかねないのである。

こうしてみると、今回の国籍法・戸籍法の改正は、男女平等の実現および多民族社会への移行という一般的な側面からは評価できるとしても、利害関係当事者である在日韓国・朝鮮人にとっては、同化傾向の拍車さらには国籍の選択をめぐる混乱と家庭不和など、否定的側面ばかりが目立つようである。したがって、折角の改正も、民族性の尊重と維持が保障されないかぎり、同化を促進する効果しかないといわねばならないようである。

2 人権教育と外国人の人権

はじめに――人権の普遍化と外国人

国際連合が「人権教育のための国連一〇年」(一九五五年から二〇〇四年まで)を設定し、国連加盟国が国連総会の決議に従って国内行動計画を策定し人権教育を進めるよう求めて五年目を迎える。つまり、「人権教育国連一〇年」は今年その中間年を迎える。日本においては、人権教育に関する政府の行動計画が策定され、数多くの地方自治体も行動計画を策定しその具体的実施に向けて努力していることは周知のとおりである。しかし、その具体的成果は、行動計画の策定過程における議論と提起により明らかになったさまざまな問題と課題を克服した後でなければ見えてこない。なかでも、人権は普遍的価値であり人権教育による人権の普遍的文化の創造を達成すべき目標として掲げる「国連人権教育一〇年」に照らして、既存の人権教育がその内容と手法を再検証することが当面する重要課題になっている。

人権とは読んで字の通り「人の権利」であり、人である限り古今東西つまり時と場所を超えてすべての人が享有する権利である。人権は人間が人間として存在し、人間に値する生活を営むために欠かせないものである。人権が普遍的に尊重されるべき普遍的価値といわれるゆえんである。ところが、概念的にもしくは観念的には普遍性をその本質とする人権であっても、その具体的な保障と保護は、一人ひとりが存在し生活している国家・社会と不可分の関係にある。いいかえると、人権は歴史的にある特定の国家・社会において、ブルジョワ階級、労働者、女性、そしてマイノリティといった個人集団が主張し闘い取った結果として、法と政治の中で認められ、保障されてきたのである。したがって、人権を語り教えるときに、先に述べた人権の普遍性と並んで人権の歴史性そして政治的イデオロギー性を理解することが必要不可欠である。つまり、人権を考え語る場合に、個人が存在し生を営む国家・社会そして時代を離れてはただの空論であり夢物語でしかない。すべての人が保持し享有する筈の普遍的人権が、その実は、ある社会の支配層、男性、健常者、多数者そして国民だけが保持し、社会的地位の低い者、女性、障害者、マイノリティそして外国人は、人権を保持できる「人」ではなかったのである。このように、人権の普遍的尊重を達成し人権を普遍的文化と創造する作業である人権教育は、歴史的に、そして今日においても、女性、障害者、身分、マイノリティそして外国人であることを理由に、人権の享有が否定される問題すなわち差別的人権侵害の根絶を基本的かつ最優先課題にしなければならない。

本章は、右の課題の中で外国人の立場にある人々の人権に焦点をしぼり、人権教育が当面し克服すべき課題を検証することにしたい。さて、外国人とは、ある個人が在住する国の国籍を有しない者であり、日本の国籍を保持することなく日本に在住する者は、無国籍者を含めて外国人の立場にある。現在日本に在住する外国人は一六〇万人を超えている。その中、日本の旧植民地である韓国・朝鮮人と台湾出身の人が半数近くを占めており、その他の外国人は日本社会の国際化の過程で入国し滞在した人々であり、その国籍と民族そして文化も多様である。本章では、旧植民地住民でありそのほとんどがこの社会の永住者である韓国・朝鮮人の人権とあるべき人権教育の視座と内容そして推進方法について考えたい。

一　人権の普遍性と外国人の人権

1　国家の論理と人権

国際化またはグローバリゼーションの潮流が高まり、人々が国境を超えて頻繁に交流し触れ合うことになり、国家主権とか国境の意味が相対化しつつある。さらに、人権、環境そして平和と安全といった人類もしくは地球の視点で考え行動しなければ解決できない問題も増えつつあり、一九〇を数える加盟国を擁してこれらの問題の解決に努力している国際連合がある。なかでも、伝統的国際法の下では、国家の自由な決定に委ねられている国内事項の典型的な問題であった個人の取扱いすなわち人権問題は、国連の設立過程と半世紀を超える実践を通して、個々の国家が自由に決定できない国際的関心事項となり国際管轄事項となったのである。しかし、こうした国際化が急速に進み国家の存在理由が凋落している今にあっても、国際社会を構成する基本的主体は国家であり、国連を中心に国際社会が努力している問題のどれ一つをとってみても、その具体的行為者は国家であることは誰ひとりとして否めない現実である。

そして、この国家は主権と独立という排他的概念によって国際法的に庇護されている。さらに、この国家は国籍という法的連結素を保持する人々つまり国民を構成員とする共同体であることも厳然たる事実である。そのために、国家の基本的権利と義務とりわけその主権もしくは管轄権が及ぶ個人の範囲をその国民に止めることはむしろ当然のことともいえる。そして、ある国家の領土主権の下にありながら自国の国籍を保持しない者すなわち外国人は、不平等条約の下では治外法権という特権の地位を有したが、友好通商航海条約など二国間の条約によってその地位と処遇が決定されたのである。その結果、一国の憲法とその他の国内法が人権を法的に保護されるべき権利と定めても、それは「人の権利」ではなくして「国民の権利」であるとしたのである。そして、同じ国家に存在し、同じ法の支配の下にありながら、外国人は人権を享有する主体とはみなされることはなく、当該外国人の国籍国＝本国と居住国との間で取り交わす約束事すなわち二国間条約によって享有する内容が決まったのである。しかも、二〇世紀の前半まではとくに、そして今日においても、条約の中味は外国人の本国と居住国との力関係によって決まるために、同じ国家の同じ憲法の下に存在する個人でありながら、その国民とばかりでなく、自己と国籍を異にする他の外国人とも享有する権利が違ったのである。つまり、第二次大戦までの国際法いや戦後の国際法の下にあっても、一国に在住する外国人は、その国籍によって法的地位を享有する権利が異なり、いわば国籍による差別的取扱いを当然のこととしたのである。このことは、在日する外国人ととりわけ戦勝国の国民として存在するようになったアメリカ合衆国の国民と旧植民地住民である韓国・朝鮮人との間に見られた法的地位と処遇の差異が如実に示してくれる。つまり、戦勝国・大国の国民として戦後入国した在住する米国人は、日米友好通商条約の中で約束した「内国民待遇」により、基本的自由と人権とりわけ国民年金を含む社会保障についても日本国民と平等に享有できた。これに対し、一九五二年までは、日本国籍を強要され、労働者、軍人または軍属として日本帝国のために命と身体の犠牲を強制された韓国・朝鮮人は、日本政府の法的道義的責任に対する配慮は微塵もなく、一般国際法の論理すなわち韓国との間には二国間条約が存在しないことを理由に、国籍に基づく差別により権利享有を否定された。いいかえると、基本的人権の尊重を基本原則とする日本国憲法を戴く戦後の日本社会にあっても、人権は「人の権利」ではなく「国民の権利」であり、大国の国籍を有する外国人だけの権利でしかなく、他の外国人はその享有を否定されつづけた。

2　外国人の国籍と人権

①韓国・朝鮮人の国籍　本章のはじめに触れたように、人権教育の課題として外国人の人権を考え語るときに、外国人が人権を享有する「人」の枠外に排除され人間の尊厳を否定されてきた歴史と現状を正しく理解することが必要不可欠の課題である。なかでも一九八〇年代までは、日本に在住する外国人の八割以上を占めていた韓国・朝鮮人が、日本国憲法が定めるように、個人として尊重され、普遍的価値である基本的自由と人権を、日本国民と平等に享有してきたかどうか、享有できなかったとすれば享有を妨げたのは何か、を検証しなければならない。

在日する韓国・朝鮮人とくに永住資格で在住する人々が法形式的に外国人の立場で存在するようになるのは、一九五二年四月二八日にはじまる。つまり、連合国と日本との間に、アジア太平洋戦争を法的に終結し、領土の範囲と戦時賠償など終戦に伴う法的諸問題などの処理を目的とする「対日平和条約」が発効した日を期して、日本政府自らが強要しそれまでに保持していることを認めた日本国籍を、法務省の民事局長通達で一方的に剥奪したのである。このように、植民地支配の下では、日本国籍を一方的に強要し、「君が代」の斉唱、宮城遙拝そして皇国臣民の誓詞を毎日のように強制して天皇に忠義をつくす皇民になることを強制しておきながら、日本国籍を保持するか離脱するかにつき当事者に選択の機会も与えず、ある日突然に日本国籍を剥奪したのである。しかも、「日本国民たる要件は、法律でこれを定める」とする日本国憲法第一〇条の規定に違反して、法律ではなく一行政当局の通達によって国籍を剥奪したのである。ところが実は、在日韓国・朝鮮人が「外国人」の取扱いを受けるのは、敗戦後間もない一九四七年にはじまる。つまり、日本政府は、在日する韓国・朝鮮人は日本国籍を保持することをたび重ねて認めながら、最後の勅令として一九四七年発布された「外国人登録令」の適用については、「朝鮮半島出身者は外国人と見做す」とする規定をおいて、「外国人」として登録することを強要したのである。

以上かいつまんで触れたことからも分かるように、外国人とりわけ韓国・朝鮮人の人権を教育の題材にし内容とするとき、これらの人々が、日本国籍を強要され天皇に忠良なる皇民であることを強いられ植民地支配と皇民化政策、そして管理目的のために「外国人」と見做し、平和条約発効を期に日本国籍を一方的に剥奪した戦後処理の歴史に触れることなくして、韓国・朝鮮人が自己の意思と目的ではなく日本政府の都合により「在日外国人」の立場にあることを理解できない。通常一国の国内に在住する外国人とは、自己の意思と目的により、パスポートを所持し自己の足で入国し滞在する人々を指していう。ところが、日本に在住する外国人とくに韓国・朝鮮人はこの外国人の範疇もしくはカテゴリーには含まれない人々であり、「外国人」という一つのキーワードでくくってしまうことは危険でさえある。

②外国人管理行政と国籍差別　国家がその国内に在住する外国人を管理することは一般国際法が認めることであり、日本政府が在日する外国人を管理することと自体は決して批判されることではない。しかし、外国人の管理という国家行政の目的を達成するために取られる法と政策は、外国人の歴史的定住原因と居住歴そしてその人権と民族性の尊重に基づいて決定されなければならない。このことは、日本国憲法が、普遍的価値として保障する人権は、最高裁判所を含む司法的判断によって確認されたように、日本国民だけでなく、たとえ不法入国者である外国人も享有するという基本原則によって導かれる。つまり、外国人管理という国家行政の目的と外国人の尊厳と権利の尊重という普遍的価値とを比較衡量し、行政目的にとって多少不都合であっても、外国人の人権尊重を優先させることが必要である。

ところが、日本政府が戦後進めてきた外国人管理行政は、管理目的だけが主導・突出し、外国人の尊厳と権利の尊重及び社会保障など人間に値する生活の保障という視点は皆無に等しかった。つまり、日本自らの都合で日本皇民とし、ある日突然に外国人の立場におかれるようになった韓国・朝鮮人、そして日本に生まれ育ち家庭と職場を持って労働と納税において日本国民と等しく日本社会の発展に寄与し参加している韓国・朝鮮人二世・三世の人々に対する配慮は、出入国管理と外国人登録行政に全く見られなかった。こうした態度は、「外国人を煮て喰おうが焼いて喰おうが勝手だ」と公然と言って憚らなかった政府高官の発言が象徴的に教えてくれる。そしてより具体的には、出入国管理との関連で必要とする在留資格を、はじめから「永住」であるべき韓国・朝鮮人に、「当分の間在留資格を有することなく滞在できる」としただけで、退去強制と再入国許可制度を他の外国人と同じく適用し、「外国人の公正な管理に資すること」を目的とする外国人登録法により、指紋押捺(当初は一〇指、後に一指)と登録証の常時携帯を強制した。さらに、一九五二年四月二八日一転して外国人の立場におかれた韓国・朝鮮人は、日本国籍を有しないことを理由に、働く権利と職業選択の自由そして国民年金とさまざまな社会的福祉と公的扶助に対する権利が制約されたり否定されつづけた。たとえば、公務員とりわけ国公立の大学と小・中・高等学校の教員までも「公権力の行使と公の意思形成に携わる職種」であるとして採用が拒否された。また、外国人であっても、居住と労働そして納税の義務を果たしている住民であれば、享有できるはずの社会保障とくに国民年金の加入資格だけでなく、都道府県などが所有し運営する公営住宅への入居も拒否されたのである。

このように、日本国憲法がその普遍的価値と承認し、すべての「人」が享有するはずの人権は、在日韓国・朝鮮人にとっては「日本国民の権利」でしかなく、国籍を理由にした管理と差別により、その人間の尊厳は否定され、労働と社会保障という生存に欠かせない権利までも享有できず、人間として存在することをも不可能にした。そしてこうした状況は、一九六五年、韓日両国の間で締結された「法的地位協定」によっても改善されず、一九七九年九月二一日、日本国に対して法的効力を発生した国際人権規約のA・B両規約によってはじめて、国籍を理由にした不合理な差別の壁が一つずつ崩れていったのである。もちろんこのことは、日本政府に対する国際人権規約の批准と同規約が基本原則とする内外人平等を含む非差別平等原則に基づく差別の撤廃を求め続けた当該韓国・朝鮮人と日本市民の根強い運動によって勝ち取った成果であり、このことは絶対に過小評価してはならない。

以上みたように、人権文化の創造を目指した人権教育を外国人に焦点をあてて考え進めようとするとき、その人々が歴史的にそして今日においても、国籍を根拠とする管理・支配という国家目的と人権の普遍的価値に基づく外国人の尊厳と権利の尊重という、しばしば相対立する利益もしくは価値のいずれがより重視されるべきかを検証する作業は避けてとおれない。いいかえると、人権の普遍性実現を内容とする人権文化の創造を妨げる外国人差別の撤廃は、部落差別、女性差別そして障害者差別などと共に、人権教育が克服すべき重要課題の一つである。したがって、国連の人権教育プログラム、日本政府の行動計画そして自治体の人権教育計画が、在日外国人とくに韓国・朝鮮人の人権を教育課題に据えていることは当然の論理的帰結であるといえる。

二　民族的マイノリティと人権教育

1　マイノリティと教育に関する国際人権基準

一国の国内社会に言葉と文化そして伝統と歴史を異にする集団が混在し共存することは、今日の国家社会において一般的に認められる現象である。そして、言葉と文化・伝統を異にする集団すなわち民族集団(national group)またはエスニック集団(ethnic group)は、その数と社会的法的地位さらには政治的パワーなどを均等に享有していることはほとんどなく、むしろ不均等もしくは不均衡な状況にあるのが一般的である。つまり、多数を占めるマジョリティ・グループと少数の立場にあるマイノリティ・グループあるいは政治的権力を掌握して支配し差別する立場にある集団と、支配され差別される立場にある集団とに分離され、共存と対立をくり返している。しかも、こうした集団は、ほとんどの場合に、戦争・国境の画定と植民地政策に基因する集団的移動など、政治的人為的に形成されてきたために、これらの集団間の関係は常に政治的対立と緊張を内包する。そして、少数の白人が支配者・差別者であった南アフリカのアパルトヘイトの場合を除いて、数が少なく力の弱い立場にある集団すなわちマイノリティ・グループの人権と民族的アイデンティティの保持および保護が、当該グループが在住する国家の国内問題に止まらず、国際社会の問題とりわけ平和と人権の問題に発展している。こうした民族的マイノリティの地位と権利をめぐる問題が、国際社会の平和と人権の確立と密接に関連していることは、歴史的にそして今日の戦争もしくは武力抗争と集団的殺害などの民族浄化(ethnic cleansing)という人道に反する行為を抑止するためにNATO諸国の武力介入を招いた旧ユーゴスラビアのセルビア人とルーマニア人の問題、ドイツのナチス政権によるユダヤ人など民族的マイノリティの迫害と虐殺、さらにインドネシアの中国人とスリランカのタミール人および中国のチベット族その他のマイノリティ問題など、枚挙にいとまがない。国際社会が人権と基本的自由の保障を課題にした直接的契機も、国際連盟の下におけるマイノリティ保護そして国際連合が人権の伸長と保護を目的として掲げたのも、東ヨーロッパと中央ヨーロッパのマイノリティとヨーロッパの平和は不可分であり、ナチス政権によるホロコーストのような集団的殺害の再発を抑止できなければ平和維持も不可能であるとの認識であった。

そして、第二次世界大戦後に国際連合が中心になって進めてきた国際人権基準の多くは、民族マイノリティの地位と権利に関連する宣言と条約である。それらは、集団殺害そしてアパルトヘイト行為を抑止し、処分するためのジェノサイド条約とアパルトヘイト条約、さらには民族的種族的出身(national and ethnic origin)に対する差別と暴力を抑止し処罰することを義務づけている人種差別撤廃条約は、民族的マイノリティを差別と迫害さらには殺害から保護することを目的としている。そして、差別と迫害から保護するだけでなく、民族的マイノリティが、そのアイデンティティを維持し確立するために必要な自己の言語を使用し文化を享有する権利を、国際人権規約B規約第二七条および自己の文化的発展を自由に追求する権利を自決の権利として保障する国際人権規約A・B両規約の共通第一条が保障している。子どもの権利条約がマイノリティの子どもに右のB規約と同じ権利を保障しているのも同じような趣旨によるものであることはいうまでもない。そのため、「人権教育国連一〇年」が、人権教育の取り組むべき課題の中に、女性、障害者などの問題と並んで、民族的宗教的マイノリティと外国人問題を含めていることは、右にみたマイノリティ問題が平和と人権の確立と不可分の関係にあるとする認識を確認したものと理解できる。もっとも、同じような認識は、教育の目的と教育に対する権利を定める国際人権文書の中で早い時期から認められる。たとえば、世界人権宣言第二六条、国際人権規約のA規約第一三条そして子どもの権利条約第二九条は、いずれも、教育が人格の完成並びに人権と基本的自由の尊重の強化を目指すと共に、「すべての国民、人種的集団又は宗教的集団の間の理解・寛容及び友好を促進し、かつ、平和維持のための国際連合の活動を助長する」と謳い、教育が民族的マイノリティを含む人種的集団の間の理解と寛容の促進を目指すべきであることを明示している。なかでも民族的マイノリティとの関連で注目されるのは、子どもの権利条約第二九条が、教育が指向すべきことの一つとして「子どもの父母、子どもの文化的アイデンティティ、言語及び価値観、子どもの居住国と出身国の民族的価値観並びに自己の文明と異なる文明に対する尊重を育成すること」を締約国に義務づけている。

以上かいつまんでみたように、民族的マイノリティの保護とそのアイデンティティ確立のために必要な権利の国際的保障だけでなく、教育が指向し達成すべき目的として、人権と基本的自由の尊重と並んで民族的マイノリティを含む人種的集団間の理解と寛容を促進し子どもの文化的アイデンティティと価値観そして文明の尊重の心を育むことを掲げてきている。したがって、「人権教育国連一〇年」の目的を具体的に実現する人権教育は、外国人である個人がその人間の尊厳と人権を尊重されるばかりでなく、言語と文化そして伝統を同じくする人々と共に、民族的文化的アイデンティティを維持・確立するために、自己の言語を使用し文化を享有する権利の尊重を内容として目的としなければならない。くり返すならば、外国人がその民族的文化的アイデンティティの確立に必要な教育は、人権尊重と人種的集団の理解と寛容を促進して平和維持に不可欠であるばかりでなく、外国人が享有する民族的文化的マイノリティとしての権利であると認識することが必要である。

2　在日外国人の民族的文化的アイデンティティと教育

日本社会の永住者である外国人のほとんどを占める韓国・朝鮮人は、固有の言語と文化を保持し数千年の歴史と伝統を有する民族である。彼(女)たちが日本社会において民族的マイノリティの立場におかれるのは、他のマイノリティ同様に、植民地支配と侵略戦争の過程で日本政府の都合と必要によって、朝鮮半島からの渡航と定住を余儀なくされたことは先に触れたように歴史的事実である。そして、植民地支配の下にあっては、同化もしくは皇民化の政策によって自己の言語と文化さらには民族名までも奪われ、学校教育ばかりでなく日常生活の中でも日本語を強要され、創氏改名を強制され、日本流の氏と名前を戸籍に登録・使用させられた。つまり、日本の植民地支配は、国家主権の侵奪と政治的支配だけでなく、朝鮮半島の人々からその民族的アイデンティティをも奪い取ったのである。そのために、植民地支配から解放された朝鮮半島の人々、とりわけ日本に在住しつづける韓国・朝鮮人の教育が当面した最重要課題は、奪われた民族的アイデンティティを取り戻し確立させることであった。そしてこの民族的アイデンティティ回復に必要な教育は、皇民化教育によって民族を奪った日本政府の法的道義的責任によって保障されるべきであった。ところが、民族的アイデンティティ回復の教育を法・制度によって保障するどころか、韓国・朝鮮人の自主的努力によって行うとする民族回復の教育さえ認めようとせず、連合軍司令部の力を借りて弾圧した。つぎに、韓国・朝鮮人の民族的アイデンティティ回復のための教育すなわち民族教育に対する日本政府の対応をかいつまんでまとめておくことにする。

一九四五年八月一五日、日本の敗戦により三五年間の植民地支配から解放された在日の韓国・朝鮮人は、民族を取り戻す教育を最重要課題と位置づけ、所有するカネと財産を総動員して、規模と内容は異なるものの数多くの民族学校を設立して民族の言語と文化そして歴史の教育に取り組んだ。しかし、これらの努力を支えるべき立場にある日本政府は、日本の学校教育法に従うことを口実に、連合軍司令部を唆して民族学校の閉鎖を強制した。こうした日本政府の理不尽で無謀ともいえる民族教育弾圧に対して、在日韓国・朝鮮人は集団的示威行為をもって抵抗した。一九四八年四月二四日、神戸と大阪において展開された抵抗運動はその頂点に達し、大阪府庁前で行われた示威行動は参加した韓国・朝鮮人の群衆に対する日本警察の発砲により一六歳の少年が死亡する事件にまで発展した。この抵抗運動は、韓国・朝鮮人社会では「阪神教育闘争」と記憶され、少年が射殺された四月二四日を「四・二四民族教育闘争記念日」として、毎年の四月二四日は民族教育を考える記念集会が開催される。

このような民族教育を死守する韓国・朝鮮人の抵抗にもかかわらず、日本の学校教育法第一条に基づく文部省の認可をえた大阪の白頭学園(建国小・中・高等学校)を除くほとんどの学校が閉鎖され、一部の学校は日本の公立学校に編入され、韓国・朝鮮人の子どもたちはそのほとんどが日本の公立学校に追い立てられ、日本人と「同じ教育」つまり同化教育を強いられることになる。もっとも、一九四八年四月の教育闘争を収束する過程で、民族団体と大阪府知事との間に交わされた覚書によって、日本の公立学校の中に、民族の言語と文化そして歴史を学ぶ「民族学級」とこの教育に必要な民族講師の措置が約束された。その結果すべての子どもではないが、大阪府での三〇以上の小・中学校で民族教育が暫定的に保障された。また、自主的民族団体の一つである朝鮮総連合は、全国各地に「各種学校」という地位にあるが、初級・中級そして高級学校と一つの大学を設立して、独自の民族教育を推進してきており、韓国系の民族団体である民団は、学校教育法第一条に基づく設立認可を得た小・中・高校を併設する二つの学園と各種学校の地位にある二つの学園を設立して民族教育を行っている。しかし、こうした韓国・朝鮮人の自主的努力にもかかわらず、九〇％を超える子どもたちが日本の公教育つまり公立の小・中学校に就学しているのが実状である。そのため、在日韓国・朝鮮人の子どもがその民族的文化的アイデンティティを確立・維持するための教育は、やはり日本の公教育の中で保障し取り組むことが早い時期から主張され議論されてきた。

日本の公教育の中で韓国・朝鮮人の民族と文化のアイデンティティ確立に必要な教育を制度的に保障する課題は、単一民族国家観に基礎をおく日本の学校教育が根本的に問われる問題でもある。戦後半世紀の日本の教育を支えてきた学校教育法は、国民教育の名による日本人教育だけを指向し、アイヌ民族、琉球民族そして朝鮮民族など、日本に在住する民族・文化的マイノリティのアイデンティティ確立に必要な民族教育は言及どころか想定さえしていない。つまり、日本政府は、日本国民すなわち日本民族であるとする幻想に固執しつづけ、日本列島の先住民族であるアイヌ民族の存在さえ認めず、在日韓国・朝鮮人についても、外国人であって民族的マイノリティではないと主張してきた。こうした純血主義に根づく単一民族国家観は、一九六五年に韓国との間で締結した「在日韓国人の法的地位に関する協定」の中でも維持され、民族学校の閉鎖により、すでに八割以上が日本の公立学校に就学している韓国人の子どもに、日本の公立学校に学ぶことを認めることに止まり、民族・文化のアイデンティティ確立に必要な教育については全く触れることさえしていない。ところが、同年の一二月は、公立学校に学ぶ外国人の子どもに、その民族的素養を育む教育を施す必要を認めないとする文部省の次官通達によって、それまでに地方自治体と現場の教員の努力によって極めて不十分ながら取り組んできた民族・文化の教育をも否定した。この通達は、その後民族教育の制度的保障を求める努力を阻害する口実として用いられることになる。もっとも、一九九一年一月には、六五年の法的地位協定の再協議に関する日韓両国外相の覚書の中で、地方自治体において韓国人の子どもが、自己の言語と文化に触れる教育が行われていることを日本政府としてもこれに配慮することを約束し、民族・文化に触れる教育を推進するための障害の一つが除かれることになった意義は大きい。

他方、大阪をはじめ近畿一円の地方自治体レベルでは、旧植民地住民である民族的マイノリティの教育を主要課題とする外国人教育の指針または方針が作定され、韓国・朝鮮人の歴史的定住原因と民族・文化的アイデンティティの確立と尊重そして民族名(=本名)の使用を支える教育の重要性と必要性を、ほとんどの「指針」もしくは「方針」が確認し必要な施策に言及している。そしてこうした努力は、九〇年代に入って急激に高まる国際化の潮流に触発されることにもなる。つまり、国際化をどのように理解すべきか、または真の国際化とは何か、をめぐる議論がくり返される過程で、国際化の潮流は国境を越えた人々の流れであり触れ合いと理解することの重要性が確認された。そして、国外からさまざまな目的で多数の人々が入国し滞在することは同時に、日本社会の多数者とは異なる民族、文化そして伝統と生活様式が存在することになる。そのために、国際化が日本の人々に求める課題は、これらの人々及びその民族・文化的アイデンティティを認め尊重し共生することであると認識する。こうした国際化に伴う課題の認識は、早い時期から独自の文化と伝統を保持する民族集団を認め共生する意思と行動が問われることになる。いいかえると海の向こうから流入する異文化との共生を語る前に、日本国内に存在する異文化との共生、つまり「内なる国際化」もしくは「足下の国際化」が問われるようになる。このことは、たとえば韓国の人々の民族・文化に触れ尊重することの意義を強調しながら、日本国内に存在する韓国の文化と伝統を保持する人々と共生する努力を怠るとすれば、あまりにもこっけいでさえある。そして当然の帰結であるが、地方自治体が地域社会の国際化に対応する施策として、内なる国際化の達成を掲げるようになり、外国人教育の指針もしくは方針と共に、地域社会における多民族または多文化の共生を行政の目標とし努力するようになった。

しかし、政府レベルにおいては、国際社会からの働きかけと当事者の根強い運動の結果、アイヌ民族の文化を振興しその文化的アイデンティティ確立のために、アイヌ民族にとって差別的で屈辱的であった「旧土人保護法」が廃止され新しい立法措置が取られたが、他のマイノリティとくに、韓国・朝鮮人は民族的マイノリティとさえ認めようとしない。民族的マイノリティには一国内に在住する外国人が含まれるかについて、たとえば国際人権規約のB規約の実施を監視する自由権規約委員会が、同規約がマイノリティに保障する権利は定住する外国人はもちろん一時的に滞在する外国人も享有することを、その一般的意見の中で確認している。この意見は、外国人を国籍だけでなく、その人権と民族・文化的アイデンティティの尊重が、国際人権法とりわけ国際人権規約の理念と規定に照らして避けられない課題であることの再認識にすぎない。しかも、すでにみたように在日韓国・朝鮮人は固有の言語と文化・伝統を享有する民族として存在することを皇民化政策と民族教育の抑圧によって否定されつづけた。したがって、国際人権規約をまつまでもなく、日本社会には、日本国籍を保持しているか保持していないかに関係なく、マジョリティである日本人とは異なる民族・文化の集団が存在することを認め、そのアイデンティティを回復し維持するために必要な教育を支援する施策を取るべきであった。さらにまた、国際人権条約が教育の指向すべき目的として掲げる「国民間と人種間の理解と寛容」の促進および子どもの権利条約がもとめる「子どもの文化的アイデンティティの尊重」を育む教育は、韓国・朝鮮人を民族的マイノリティと認めることからはじめなければならない。つまり、在日する韓国・朝鮮人を民族・文化的マイノリティと認めそのアイデンティティの確立を支えることは、歴史的誤りに対する法的道義的責任であるばかりでなく、国際人権規約によって日本国に課された国際法上の義務でもある。さらには、日本がいくつもの国際人権条約の中で認め約束した教育の指向し達成すべき目的と、日本社会とりわけ地域社会の国際化が掲げる多文化の共生は、六〇万を数える韓国・朝鮮人を民族・文化的集団と認めることなくして達成できないことは火を見るより明らかである。そして、個人の権利と基本的自由を保障する国際人権規約のA・B両規約共通第一条が人民もしくは民族という集団の権利である自決権を保障しているように、個人の人権と文化的発展を自由に追及する権利を含む自決権とは不可分の関係にある。したがって、外国人の人権に関する人権教育は外国人の民族・文化的アイデンティティを認め尊重する視点が欠落したままではその目的を達成できない。つまり、後にみるように、外国人の人権に関する教育は、外国人の民族と文化のアイデンティティとその確立・維持の尊重に関する教育でもある。

三 外国人の人権教育が有する意義と課題

1 外国人の人権は人権文化創造の基本条件である

人権が普遍的に尊重されるべき普遍的価値であると、くり返しその普遍性が強調されるゆえんは、人権は「人」の権利であり「人」である限り享有する権利であるからである。ところが、欧米諸国の市民革命の過程で主張され憲法によって保障されればじめてから二世紀が過ぎた今日においても、女性、障害者、社会的弱者そしてマイノリティと外国人などは、人権の享有主体である「人」の枠外におかれてきている。そのため、人権と基本的自由の伸長と保護は、環境権、発展の権利など新しい人権にその範囲を拡大する課題以上に、非差別・平等の原則を確立することが焦眉の重要課題である。このことは、国際人権基準の中に、人種差別、女性差別そして障害者と民族的宗教的マイノリティ及び外国人に対する不合理な差別を撤廃して人権の平等な享有を保障するための宣言と条約の数多いことが教えてくれる。さらに、すべての人が等しく人権を享有する課題は、先の特定個人および個人集団の排除もしくは差別の撤廃に劣らず重要なこととして、国家と地域とくに先進国と発展途上国との格差の解消があることを忘れてはならない。このように、人権の普遍的尊重を達成する道程はまだ遠いことは否めない。「人権教育国連一〇年」が達成すべき目標として掲げる「普遍的人権文化の創造」も、教育という手段と方法を用いて、あらゆる差別を撤廃して人権を真にすべての人が享有する普遍的価値として実現することを指向していると理解できる。つまり、文化とは通常、民族と宗教など個人集団によって創造され享有する固有もしくは相対的概念と理解されるのに対して、人権という文化は民族的宗教的集団などあらゆる差異を超えて、すべての人が創造し享有する文化と認識し、一人ひとりのこころの中に、人権の普遍性を達成するための砦を築こうとするのである。

このような「人権教育国連一〇年」の目標に照らして、日本社会で推進すべき人権教育を考えるとき、部落差別、女性差別そして民族的マイノリティと外国人に対する差別の撤廃は必要不可欠の課題であることはくり返し確認されたとおりである。そして、本章が検証の対象とした外国人の人権は、外国人である前に、一人の人間であることを認め、国籍とか民族を理由にする理不尽な偏見と差別の根絶を人権教育の内容と目標にすることが求められる。つまり、歴史的にそして今日においても、国籍もしくは民族の違いを理由にする制度上の差別だけでなく、日本人の心に深く根づいている偏見の不当性と不合理性を明らかにし、こうした偏見と差別を形成し培ってきた政治的社会的背景を検証し評価する教育が必要である。いいかえると、外国人の人権に対する教育は、歴史的に政治的に作られた偏見と差別によって奪われた人間性の回復と否定されてきた人間の尊厳を保つための作業でもある。つまり、日本社会において人権の普遍的尊重を達成するための教育は、「国民の権利」もしくは「マジョリティ＝日本人の権利」から外国人とマイノリティを含む「人の権利」とする教育であるとの認識を基本としなければならない。同じことはもちろん、部落差別と女性差別などの撤廃を課題とする人権教育についても必要であることはいうまでもない。

2　外国人の人権教育は国際理解・平和そして多文化教育である

外国人の人権尊重を指向する教育は、外国人が個人として尊重され権利と自由を他のすべての個人と平等に享有するための教育であることはさきに確認した。しかし同時に、外国人の人権に関する教育は、教育が指向すべき目的として国際人権基準が掲げ、国連の専門機関であるユネスコの勧告の中でもその推進を求めている、国際理解と平和そして多文化教育と位置づけ積極的な取り組みが必要である。すでにみたように、一国の国内社会に在住する外国人は、人間の尊厳と人権を尊重される個人であると同時に、民族・文化的マイノリティの立場にある。外国人の人権はいうまでもなく、外国人の民族・文化的アイデンティティの尊重の視点が欠落しては達成できない。

たとえば、一九七四年一一月一九日、ユネスコ総会が採択した「国際理解、国際協力および国際平和のための教育と、人権と基本的自由についての教育に関する勧告」は、教育がよるべき指導原則の中で次のことを明示している。つまり、教育が、人権尊重の強化と並んで人種的集団の相互理解と寛容の促進を指向すべきことを定めた世界人権宣言第二六条の規定を援用し、教育政策の主要な指導原則とすべき目標の中に「国内の民族文化および他国民の文化を含む、すべての人民とその文化、文明、価値および生活様式に対する理解と尊重」を掲げ、さらにつづけて、「教育は……あらゆる形態と種類の人種差別、全体主義およびアパルトヘイトならびに民族的人種的憎悪を醸成するような、この勧告の目的に反するイデオロギーに対する闘争における諸活動に貢献すべきである」ことも指導原則の中に謳っている。これらの指導原則に照らして人権教育の一環として進める外国人教育を考えるとき、外国人一人ひとりが個人として享有する人権の尊重と並んで、外国人の民族・文化のアイデンティティと価値そして生活様式に対する理解と尊重を育み促進する教育なくして、国際理解と平和そして人権教育のいずれも達成できないことは明らかである。したがって、このような理解に誤りがなければ、海外の人々と文化に触れるために、教師と生徒を派遣し招請することにのみ関心と力を注いだ従来の国際理解教育は、先に触れた「内なる国際化」同様に、国内もしくは地域内に在住する異なる民族と文化そして価値観と生活様式を尊重する教育をそのカリキュラムの中に取り込むことが強く求められる。

そしてさらに、外国人の民族・文化の尊重を人権教育の中に取り込む作業は日本社会とくに地域社会の国際化が達成すべき目標として掲げる「多文化共生の社会」の構築のためには、地域社会とりわけ学校の教育現場に存在する多様な文化の共生からはじめなければならない。同じ教室の中に隣り合わせてすわる子どもが、異なる民族と文化のアイデンティティを保持し表現することを困難にし妨げる教育現場を打開するための具体的努力なくして多文化共生は「絵にかいた餅」でしかない。そして、多文化が共生するための教育にとってもっとも重要かつ根本的な課題は、前に触れたように、日本の近代化百年を支え今日においても日本の政府と国民の潜在意識となっている「単一民族国家観」から脱皮し、多民族多文化社会観へと発想の転換を図ることが必要である。そのためには、まず先にも触れたように、日本の先住民族であるアイヌの人々、韓国・朝鮮人そして中国人その他の民族的マイノリティの存在を認め、これらのマイノリティの文化的アイデンティティの確立と維持を尊重する政策を推進しなければならない。なかでも、戦後、五〇年間の日本教育を支えた学校教育法を改め、単一文化教育から多文化教育への転換が必要である。

こうした教育制度の変革の可能性は、「人権教育国連一〇年」の国内実施に関する日本政府行動計画の中で、日本社会の文化的多様化と多文化が共生する社会の構築が必要であるとの認識が示されていることにその片鱗は見られる。しかし、この行動計画の具体的実施を主管する政府機関は文部省ではなく総理府の下におかれ、文部省が進める「教育改革」の中には人権とか多文化というキーワードさえ見られない。そのため、日本政府の行動計画の実施と教育改革に文化的マイノリティを視野に入れた多文化教育は当面実現しそうもない。したがって、この実現は、外国人をその地域社会の住民として抱える地方自治体が、さまざまな民族と文化が共生する地域づくりの一環として、すでに始めている外国人教育と人権教育を推進する施策の中に、多文化教育を積極的に取り入れることがますます必要である。

おわりに――「総合学習」と外国人の人権

以上本章では、人権の普遍性と民族・文化的マイノリティに照らして外国人の人権を主題とする人権教育のあり方を検証し、最後に、国際理解・平和そして多文化教育の視点から外国人の人権に関連する教育を考えてみた。そして「人権教育国連一〇年」が掲げて達成しようとする目標にし、人権の普遍的尊重を内容とする「普遍的人権文化の創造」を指向していることは、すべての個人一人ひとりが等しく享有すべき普遍的価値である筈の人権が特定の個人と集団だけが享有し、女性、障害者、マイノリティそして外国人さらには貧困者などが享有する権利とはなっていない実状の認識によるものであることを再確認した。そして、人権教育は、教育という手段によって、人権の享有から排除され疎外されている個人と集団の人権享有を促進して人権の普遍性を高めることに寄与するものであると理解できる。そのため、人権享有の主体から、その国籍または民族を理由に排除されてきた外国人の人権を人権教育の課題の一つと据えられたことも当然の帰結であるといえる。しかし同時に、外国人の人権を人権教育の課題とするとき、その具体的実施にはさまざまな視点と努力が必要である。なかでも、外国人の子どもが自己の民族・文化的アイデンティティ確立のために必要な教育と、同じ教育現場に存在する日本の子どもたちが、外国人の子どもを人間の尊厳と権利が尊重される個人であり、独自の言語と文化そして伝統を保持する民族集団の一人であると認める心と行動を育む教育が並行して行われなければならない。そしてもちろん、部落差別、女性差別など他の人権教育課題に共通する基礎的教育でもある人権の概念、国際人権法の歴史そして人権の普遍的尊重を達成するための国内社会と国際社会の努力にふれる教育は欠かせない。とくに、外国人の人権に関連しては、外国人の人権享有と密接に関連して重要な意義を有する国際人権基準とりわけ世界人権宣言と国際人権規約そして人種差別撤廃条約と子どもの権利条約を教育の中に導入する必要がある。

そして外国人の人権を課題とする人権教育だけでも極めて広範囲にわたり、大阪などで行われている課外活動の一環と位置づける教育では対応しきれない。しかも、こうした課外活動は、教員の努力と保護者の協力を前提とする「現場委せ」の教育から脱皮できないだけでなく、学校もしくは教育現場によって外国人教育が異なるために、子どもに対する差別的教育を容認することにもなる。したがって、人権教育を子ども一人ひとりの権利と位置づけ、教育が指向する目的達成にも欠かせない教育と認識して、その具体的保障を学校教育の正規のカリキュラムの中に導入することが焦眉の課題である。こうした認識と努力は本来、日本政府が世界人権宣言の精神を尊重することを約束し、国際人権規約と子どもの権利条約そして人種差別撤廃条約を締結し、教育を含む国内法制度を規律する法として受け入れたときに行うべきであった。ところがこれらの国際人権基準に抵触することが一見して明らかな教育、とりわけ民族的マイノリティの存在さえ否定し、単一の文化と民族の社会という幻想に基づく「国民教育」だけが維持されつづけてきた。その結果、すでにみたように、日本政府の民族教育否定の政策により、その九〇%が日本の公教育の現場に存在するようになった韓国・朝鮮人の子どもたちが、自己の言語と文化に触れる教育を認めようとせず、地域社会と教育現場の努力を課外活動としてしぶしぶ黙認しているのが実状である。こうした日本政府の姿勢は、「人権教育国連一〇年」の要請に基づいて国内行動計画を策定し実施を約束した後も変わっていない。ただ、教育改革との関連で、教育現場の自由な判断と努力によって、学習の内容を決定できる教科として「総合学習」が新しく導入され今後の活用が注目されている。この総合学習という教科の中で、どのようなテーマを選択し、またどのような方法で学習を進めるかについては、各レベルの教育委員会と教育現場との調整と努力をまたねばならないが、文部省が例示する国際理解と並んで多文化教育もしくは外国人の人権を含む人権教育を取り入れることは可能である。そして学習のより高い効果をあげるためには、教材開発と参加型またはフィールドワークそして学校外教師の活用などを含む学習方法を早い時期に検討しなければならない。また、課外活動の形で進めている既存の外国人教育をこの人権教育との関係でどのように位置づけて進めるかは重要な課題であるが、教員の処遇とカリキュラムの強化を含む、より制度的保障に近づけることが必要であり重要であることだけはたしかである。

3 共生の時代とマイノリティ

一 マイノリティ問題の今日的状況

ソビエト連邦の崩壊に伴って、第二次大戦後の国際政治を支えてきた冷戦構造が互解した結果、核大国の直接的衝突による核戦争の勃発は当面避けられるかも知れないが、旧ソ連そして旧ユーゴを構成していた諸国をはじめ世界各地域においては、民族と宗教が複雑に絡んだ、いわゆる「エスニック紛争(ethnic conflict)」が頻発している。そして、西ヨーロッパにおいては、ネオ・ナチズム(neo-nazism)または外国人排除主義(Xno-phobia)といった人種主義(racism)による移住労働者または民族的マイノリティ攻撃が多発している。こうしたマイノリティに対する暴力的行為は、日本社会に定住する朝鮮人生徒に対しても、チマ・チョゴリを切り裂くなど、北朝鮮をめぐる政治問題が生起する度に、くり返し加えられてきている。

つまり、共産主義もしくは自由主義を絶対悪とするイデオロギーに起因する構想と暴力が終結しないうちに、人種主義と排他的民族主義による暴力がマイノリティに向けられているのが今日的状況である。こうしたマイノリティをめぐる状況は、第二次大戦後、国際連合が中心になって進めてきている非差別平等および人権と基本的自由の尊重の確立という国際社会の努力に対する挑戦であり、人権と民主々義に基づいた国際平和の達成を脅かすものである。※〔金東勲『国際人権法とマイノリティの地位』東信堂、二〇〇三年、参照。〕

いいかえるならば、マイノリティの基本的権利の尊重を確立することなくして、国連憲章が目的として掲げる非差別平等原則に基づく人権と基本的自由の確立はいうまでもなく、正義に基礎をおいた国際社会の平和も達成できないといっても過言ではない。

そしてさらに、伝統的なマイノリティに加えて、植民地支配の終結によって旧植民地国に移住もしくは定住するようになった旧植民地住民および先進諸国の経済的高度成長の過程に移住し定住するようになった発展途上国の人々からなるマイノリティ問題は、国家とは当該国の国籍を有する者から成り立っている「国民共同体」であるとする従来の考えを改め、外国人を含む全ての住民から成り立つ「住民共同体」であるという考えに基づいて、参政権を含む外国人住民の社会参加を求める声が高まってきていることも事実である。つまり、マイノリティは、伝統的国家の概念をも問い直す存在にすらなっている。

二　人道的干渉と条約によるマイノリティ保護

宗教改革後、ヨーロッパでは、キリスト教徒を中心とするマイノリティの保護を目的とする干渉が頻繁に行われた。一般国際法上、国家は他の国の国内問題に干渉してはならない「内政不干渉（non-intervention against internal affairs）」の義務を負っている。ところが、宗教的マイノリティ、とりわけ非キリスト教国

における キリスト教徒の礼拝もしくは信教の自由を保護することは、「人道(humanity)」の名において認められると主張された。そして多くの場合、人道に基づく内政干渉によるマイノリティの保護は、他の政治的目的を達成するために、大国が弱小国に対して行う内政干渉の口実として悪用された。今日、発展途上にある多くの国が、「人道」だけでなく「人権」についても欧米諸国による押しつけであり、国内の人権問題に対する国際社会からの関与を内政干渉であると抵抗するのも、こうした歴史的経緯が一つの理由になっている。

次に、こうした「人道的干渉」による保護と並んで、三〇年戦争の終結に伴って締結された一六四八年のウェストファリア条約(Westphalia Treaty)などの条約によっても保護されることになる。なかでも、一八一五年のウィーン会議で採択された最終議定書(Final Act)は、宗教的マイノリティに加えて、民族的マイノリティ(national minorities)を保護する条項が設けられることになる。さらに、一八五六年のパリ条約は、トルコ国内のキリスト教住民に対する処遇の平等を定め、一八七八年のベルリン条約も、宗教上の理由による非差別の原則を含むことになる。このように、一九世紀のヨーロッパにおけるマイノリティ保護は、主としてバルカン半島諸国と東ヨーロッパ諸国内の宗教的民族的マイノリティをその対象にしたものであり、英仏独を中心とする西ヨーロッパ大国がトルコ、ブルガリアおよびルーマニアなどに対する押しつけであった。もっとも、オーストリア、スイスそしてベルギーなどは、一九世紀後半それぞれの憲法により、言語的民族的マイノリティの権利を保護するようになる。

いずれにせよ、一九世紀までにみるヨーロッパのマイノリティ保護は、西ヨーロッパの大国による強制という政治的力の論理に基づくものであって、一般国際法または国際社会の関与によるものではなかったのである。

三　国際連盟とマイノリティ保護

第一次大戦の終結と戦後の国際平和維持を目的とする国際連盟(League of Nations)の設立のために開かれたヴェルサイユ会議においても、マイノリティの権利保護が重要な問題の一つとして議論された。さまざまな提案と議論の結果、国際連盟の規約(Covenant)の中に、マイノリティの権利に関する規定を盛り込むことにより、連盟加盟国すべてに国内のマイノリティの権利保護を義務づけることには反対が多く失敗に終った。しかし、バルト三国のように、新しく独立を達成する国、あるいは領土を拡張する国など、戦争の終結に伴ってある種の利益にあずかる国家を中心とする東欧およびバルカン半島の諸国など一八カ国が、平和条約の規定、個別的保護条約または一方的宣言(unilateral declarations)によって、自国内のマイノリティの権利保護について約束した。

これらの約束は、マイノリティの民族性と文化、言語そして宗教に対する権利だけではなく、国籍の取得、教育など非常に広い範囲の権利の保護を含んでいる。そして、これらの約束とその履行については、国際連盟が関与することになり、マイノリティという一国内の個人集団の権利保護に国際機構が直接関わったことは、人権の国際的保障の歴史上先駆的な出来事であったといえる。

しかし、画期的であったといえる国際連盟によるマイノリティ保護は、ヨーロッパの一部の国家にのみ保護義務を課した差別的かつ不平等な制度であるという非難を免れえなかった。そのため、当然のことながら、大国の圧力によって、しぶしぶ保護義務を受け入れた諸国は、その差別性に抗議し保護義務の一般化もしくは平等化を強く求めた。しかし、他の国には押しつけても、自国内のマイノリティ保護について国際的義務を負うことに強く反対する大多数の国の反対もあって、マイノリティ保護制度の一般化は失敗に終わり、一九三〇年代に入ると、日本、ドイツそしてイタリアなどファシズム勢力の登場に伴い、国際連盟もその機能を喪失することによって、マイノリティ保護制度も機能しなくなってしまうことになる。

四　国際人権章典とマイノリティの権利

1　国連憲章とマイノリティ

周知のとおり国連は、国際社会の平和と安全の維持と並んで、人権と基本的自由の尊重もしくは遵守をもう一つの目的として掲げ、一方では各国内社会で生起する人権問題の解決に努力し、他方では、全ての国家だけでなく、全ての人民が遵守し達成すべき共通(common)または最低(minimum)の国際基準(International standards)づくりのために活動してきている。

しかし、国連憲章は、「人種、性、言語又は宗教による差別なく、全ての者のために人権と基本的自由を尊重すること」について国際協力の達成を謳ってはいるが、マイノリティについては何も言及していない。そして一九四八年一二月に採択された世界人権宣言も、提案と議論はあったものの、マイノリティの権利に関する具体的な規定を設けることには失敗した。ただ、国連人権委員会(UN Commission on Human Rights)の下に、「差別の防止及びマイノリティ保護に関する小委員会」(Sub-Commission on Prevention of Discrimination and Protection of Minorities)※(通称『人権小委員会』。なお、現在は『人権の保護と伸長に関する小委員会』と称する。)が設けられ、マイノリティ問題の全般的研究が委ねられた。その後は、具体的なマイノリティ権利の保護そして後にみる国際人権規約及びマイノリティ権利宣言など基準作りの作業は、この小委員会(Sub-Commission)のイニシアティブによって進められてきている。

2　国際人権規約とマイノリティの権利

国際人権章典とは、世界人権宣言と国際人権規約とを包含する名称であるが、先にふれたように、世界人権宣言は、マイノリティの権利に関する規定の挿入に失敗したことから、国際人権規約の中に盛り込まれることが強く期待された。

しかし、個人の権利(individual rights)の保護を目的とする国際人権規約に個人集団の権利(group rights)を含むことについては、とりわけ自国内にマイノリティ問題を抱えている国からの強い反対もあって、規定の挿入及び規定の内容をめぐって議論が多かったが、最終的には、「市民的及び政治的権利に関する国際規約(International Covenant on Civil and Political Rights)」、いわゆるB規約の第二七条として、マイノリティの権利に関する規定が設けられた。それは、

種族的、宗教的又は言語的少数者が存在する国において、当該少数者に属するものは、その集団

の他の構成員とともに自己の文化を享有し、自己の宗教を信仰しかつ実践し又は自己の言語を使用する権利を否定されない。

"In those States in which ethnic, religious or linguistic minorities exist, persons belonging to such minorities shall not be denied the right, in community with the other members of their group, to enjoy their own culture, to profess and practice their own religion, or to use their own language."

となっている。

この規定は一国の中でマジョリティ(多数者)とは異なる種族であり、異なる宗教を信仰し、また異なる言語を使用するマイノリティが、それぞれ自己の文化の享有と、自己の宗教の信仰と実践そして自己の言語の使用に対する権利を妨げられないという、消極的内容にとどまっており、締約国が立法その他の措置によって積極的に保障すべき権利にはなっていない。しかも、たとえばフランスのように、あるいは日本がそうであったように、自国内にマイノリティが存在することさえ認めようとしない国家に対しては、さらにその効果が脆弱な内容であることに対する危惧が多かった。

しかし、国際人権規約の実施(implementation)を確保するために設けられた「自由権規約人権委員会(Human Rights Committee)」による締約国からの報告(National report)の審査過程において、関係国政府代表に対する質問と確認によって、たとえば、日本国内のマイノリティの一つであるアイヌ民族のように、マイノリティの存在を認めるようになることも確かである。さらにまた、規定が「……権利を否定されない(shall not be denied)」となっているため、法律で禁止したりしていなければ十分であって、マイノリティがその権利を享有するために必要な措置を取る義務はないと考える国が多く、長い間同化政策(assimilation policy)と民族教育(ethnic education)の否定によって失われた文化と言語を取り戻す権利まで保障されているということは困難であった。

こうした規定の制約にもかかわらず、規約の適用過程においては、カナダ・インディアンの女性が、白人男性との結婚によってインディアンが享有する権利を剥奪されることは、女性差別だけでなく、B規約第二七条規定に反するとして、カナダ政府を相手に訴えた事件で、規約人権委員会は彼女の主張を認める判断をしたことが、カナダ政府による法改正の措置を余儀なくしており、マイノリティ権利の保護にとって有効であることが確かめられたことも事実である。

そしてまた、B規約第二七条との関連で注目すべきことは、この規定が保護の対象とするマイノリティに外国人とりわけ在日韓国・朝鮮人のような定住外国人がふくまれるという判断を、規約人権委員会が明確にしたことである。つまり、歴史的に、ヨーロッパを中心に国際的保護の対象になってきたマイノリティが、マイノリティが存在する国のマジョリティと国籍を同じくする国民でありながら、宗教的民族的または言語的マイノリティであったことから、外国人は含まれないとするのが一般的考えであった。しかし、今日の国際社会は、旧植民地住民、難民そして移住労働者(migrant workers)など、外国人が在住する国家の住民及びマイノリティとして集団的に定住する状況が著しく増えてきており、これらの人々の民族的アイデンティティと文化、宗教そして文化に対する権利を保障することが重要な課題となっている。

こうした国際社会の実状からは当然のことであろうが、規約人権委員会は、今年（一九九四年）四月の「一般的意見（general comment）」の中で、規約第二七条の権利を市民＝国民のみに限定することはできないとし、外国人も永住者であることを必要としないとする判断を明確にしており、日本政府の執拗な否定にもかかわらず、在日外国人とりわけ韓国・朝鮮人が、人権規約が保護しようとするマイノリティであることは否定できなくなったといえる。さらに、この一般的意見は、第二七条が保護する権利は、マイノリティが自己の文化や言語を享有しかつ発展させ、自己の宗教を実践する権利を保護するため締約国による積極的措置も必要であることを明らかにしており、「否定しない」だけではマイノリティの権利は保護されず、アイヌ民族、在日韓国・朝鮮人のように、その権利が歴史的に否定されてきたマイノリティにとって重要な意見である。こうした規約人権委員会の判断は、自己のアイデンティティと他者のアイデンティティに触れる教育つまり多文化教育を教育の目的とするよう求めている「子どもの権利条約」第二九条と並んで、在日するエスニック・マイノリティの民族教育が制度的に保障されない状況の是正を求めていくうえで大きな励ましになるものと確信する。

五　マイノリティ権利宣言

一九九二年一二月一八日、国連総会は「マイノリティ権利宣言」を採択した。この宣言は、条約でないために、国際人権規約のような法的拘束力は認められないが、先に見たB規約第二七条の適用と実施のために依拠すべき基準として規約を補完する文書(Instrument)であり重要な意義を有することは否めない。

この宣言は、まず、国家はマイノリティのアイデンティティを保護しその促進のために必要な条件を助長しなければならない(第一条)とし、自己の文化と言語そして宗教に対する権利だけでなく、文化的、社会的及び経済的活動と公的活動に参加する権利など、マイノリティが享有すべき権利を広い範囲にわたって定めている(同第二条)。

そして次に、「国家はマイノリティに属する者がその特性を表現しかつその文化、言語、宗教、伝統及び習慣を発展させるのを可能にする有利な条件を創出するために措置を取らなければならない」(第四条二項)とし、マイノリティがその母語を学び又はその母語を教授する十分な機会を得るように適当な措置を国家に求めている(第四条三項)。

こうした規定の内容からもわかるように、人権規約の規定に比較すると、マイノリティの権利を保護することは国家の義務とし、積極的措置によって保護し、促進かつ創出すべき積極的権利として位置づけている。また、国家の政策及び計画は、マイノリティの正当な利益に妥当な考慮を払って立案され、かつ実施されねばならないとし、開発によるマイノリティの生活と権利の破壊の防止を求めている(第五条)。

以上かいつまんで紹介したように、宣言とはいえ、マイノリティがその民族的宗教的アイデンティティを保持しつつマジョリティと共に生きていくうえで欠かすことのできない権利を承認し、国家に対し積極的義務を課していることは、他の人権基準適用の改善だけでなく。マイノリティ権利保護に関する独自の条件成立に向けた大きな一歩であると評価できる。

六 人種差別撤廃条約とマイノリティ

以上見たマイノリティに関する国際人権基準のように、「マイノリティ」という文言を用いた基準ではないが、人種的、民族的もしくは種族的マイノリティ(national or ethnic minorities)に対する差別を撤廃し、人種主義(racism)の思想に基づく差別と暴力からマイノリティの生活と生命・身体の安全を保護するために、非常に重要な文書が「人種差別撤廃条約」である(この条約については、本書第一部三章参照)。

この条約は、一九六五年に採択され、すでに約一五〇の締約国を擁し、子どもの権利条約に次いで多数の国家が受け容れている。たとえば、英国では、この条約を国内的に実施するために、「人種関係法(Race Relations Act)」を制定し、雇用、教育及び社会生活全般における差別の禁止と差別に対する責任を明らかにしている。同じような国内の反差別法(anti-discrimination legislation)は、この条約の締約国となっている多数の国が制定している。

はじめにも触れたように、冷戦後のヨーロッパ社会では、ネオ・ナチズムまたは反ユダヤ主義あるいは外国人排斥主義(Xenophohia)によって、外国人労働者やその他のマイノリティに対する暴力が頻発しており、ここ日本においても、在日朝鮮人の女子生徒に対する暴力事件がしばしば起こっている。国連は、この条約の目的を達成するため、「差別撤廃と反人種主義一〇年」を設定し、条約の批准と人種主義に反対する政策の促進を各国に呼びかけつづけている。特に、この条約の第四条は、人種主義の思想を流布し、差別と暴力を扇動し、そのために団体を結成するなどの行為を反社会的行為つまり犯罪と認め処罰することを締約国に求めていることは、ナチズムを含むファシズムによる非人道的行為の再現を絶対に阻止しなければならないという国際社会の強い意思表示である。旧ユーゴにおける民族浄化(ethnic-cleansing)あるいはルワンダにおける部族抗争などにみられるマイノリティに向けられた差別的非人道的暴力に当面している今日ほど、人種差別撤廃条約の必要性と重要性を痛感させるときはない。ところが、国連の常任理事国になって、国際貢献をしたいと声高に主張している日本は、一九九六年一二月に遅まきながらこの条約に加入したが、その国内実施に必要な立法措置などはまだ取っていない。

七　在日するマイノリティと日本社会の課題

かつて、インドの指導者マハトマ・ガンジーは、ある国家が民主的社会であるか否かはマイノリティの権利が尊重されているか否かによるという趣旨のことを言ったと伝えられている。つまり平和主義と基本的人権の尊重を柱とする民主社会の途を歩みはじめて半世紀が過ぎている日本社会が、本当に民主的社会であるといわれるためには、やはり日本国内のマイノリティであるアイヌ民族、韓国・朝鮮人そして沖縄の人々と部落出身の人々に対するあらゆる差別が撤廃され、それぞれの文化的民族的もしくは社会的アイデンティティが尊重されなければならない。

たしかに、絶対的多数者である日本人にとって日本社会は民主的平和的社会であるかも知れないが、差別と偏見によって虐げられつづけているマイノリティにとっては、まだまだ民主的平和的社会とはいえない。国際人権規約をはじめとするいくつかの国際基準が日本社会で受容されることにより、数多くの不合理な差別が撤廃されはしたが、在日するマイノリティとりわけアイヌ民族と韓国・朝鮮人がその民族的文化的アイデンティティを保持しつつマジョリティと共生できる社会からは程遠いのが偽らざる現実である。

アイヌ民族を国際人権基準が保護しようとするマイノリティと認めたのはまだ数年前のことであり、在日韓国・朝鮮人はマイノリティとさえ認めていない。いわゆる「単一民族社会」という神話的思想から脱皮することなく、差別と同化によるマイノリティの抑圧と排除が維持され続けている。もっとも、一九九七年四月には、アイヌ民族性の尊重とアイヌ文化の振興を促進するための「アイヌ新法」が制定公布され、日本社会が民族と文化的に多様な社会であることを法律によって公認していることは大きな前進と評価できる。

民族的種族的マイノリティがそのアイデンティティ維持のために絶対欠かせない民族教育あるいは母語教育も、いまだ制度的に保障されず、多数の子どもが自己の言語と文化に触れる機会を奪われつづけている。現存の法と制度は条約と抵触しないとする日本政府の姿勢を見る限り、子どもの権利条約がこうした状況の是正に本当に役立つかどうか疑わしく、マイノリティ自身よりもマジョリティである日本人の態度と努力いかんにかかっているといえる。

同じことは、他の国際人権基準についてもいえることであって、国際人権基準を日本国内に受け容れ、その内容を実現する作業は政府委せではなく、その社会に住む一人ひとりが人権基準を理解し実践することが何よりも必要である。マイノリティに対する差別と抑圧そして暴力は、政府によるものよりも、多数者を構成する市民による場合が多いことからも分かる。政府によって維持されている法的制度的差別も、当該社会の多数者によって支えられており、国際人権条約は、たしかに、政府が締結し政府が実施するものでもあるが、日常生活の中でその内容を具体的に実現するのは普通の市民一人一人の行動である。

そのため、国際人権基準を日本国内に受け容れ、それが実現しようとする理念と目的を正しく理解するために、教育、マスコミなどあらゆるメディアを通した努力が必要である。たしかに、人権NGOも増え、国際人権に関心を寄せる市民も増えつつあるといえるが、まだまだ一般市民の関心は低い。近年、日本社会のキーワードとなり、潮流となっている日本の国際化も、国際人権基準が求めるマイノリティ権利の尊重に基づいたマイノリティとの共生なくして絶対に達成できないことは多くの人々が指摘しているとおりである。

こうした「共に生きる社会」の構築は、多くの地方自治体が達成すべき課題として掲げはじめているが、行政による努力と成果を待つのではなく、一人ひとりが帰属する社会、つまり家庭、学校、職場において、マイノリティがそのアイデンティティを表現し多数者と共によろこび生きるコミュニティを築きあげる努力を、明日ではなく今日から始めるべきであると思う。政府委せ、行政委せ、専門家委せではマイノリティとマジョリティが共生できる社会は築けない。

今日そして明日のマイノリティは、差別され抑圧され否定された歴史的マイノリティのような消極的〈ネガティブな〉存在から、国際的またはグローバルな二一世紀の国際社会と地域社会の平和そして個人の権利と尊厳並びにマイノリティ集団（group）のアイデンティティの尊重に基づく「共生する社会」の「証し」という積極的存在へと変容している。くり返すならば、マイノリティは国際社会、国家そして地域社会の平和と民主主義の真価が問われる存在である。※〔金東勲『国際人権法とマイノリティの地位』東信堂、二〇〇三年、参照。〕

4 英国における定住外国人の法的地位——日本の外国人法制と比較して

はじめに

英国と日本は、両国とも地理的には大陸から海によって隔てられた島国であり、政治的には立憲君主制を維持し、歴史的には植民地帝国であったことなど、枚挙にいとまないほど類似する点が多い。

なかでも、両国が当面している共通の問題の一つとして、第二次大戦の終結とその後の非植民地化(de-colonization)に伴って、旧植民地住民の多数が定住または移住し、国内社会における少数者(マイノリティ)あるいは外国人として存在し、さまざまな問題を惹起していることがあげられる。そのため、日本社会が現在その再検証を迫られている外国人登録制度を含む外国人法制を考える場合、英国における外国人およびそれをめぐる法制の吟味は、問題の解決にとって一助になるものと思われる。

筆者は、一年という短期間ではあったが、一九八五年四月から一九八六年三月まで、オクスフォード大学の客員研究員として英国に滞在し、英国および西ヨーロッパ諸国における外国人ならびに少数者の問題を、国際人権法の観点から考察し、かつ直接体験する機会をもつことができた。本章は、こうした筆者の研究と体験に基づき、英国における外国人問題およびその法制をかいつまんで紹介し、日本の外国人法制との比較検討を併せて行うことを意図したものである。

一 英国における外国人と旧植民地住民

英国は、歴史的にそして今日においても、定住を目的として入国する外国人よりも、外国に移住するために出国する内国人の数が多い。たとえば、一九七六年から一九八一年までの五年間に、外国から英国に移住した人は一〇六万三〇〇〇人であるのに対し、英国から国外へ移住した人は、一二六万二〇〇〇人である。

このように、国外への移住者が多く、資本と人の移動の自由をその基本政策としてきたこともあって、ロシア革命期におけるユダヤ人、あるいは第二次大戦中のポーランド人のように、ヨーロッパ大陸における政治的・社会的変動に伴う国外流出者の入国・定住を早くから認めてきている。そして、第二次大戦後は、植民地が独立した後も「英連邦」という法的・政治的関係を残した旧植民地からの移住、ならびに西ヨーロッパ統合に伴うヨーロッパ共同体諸国間の移動の自由の保障による大陸諸国からの入国・定住を多数認めてきている。また、アフリカ諸国のいわゆる「アフリカ化(africanization)」政策によるアジア系住民の入国・定住をも認めてきた。

このように、さまざまな歴史的・政治的背景を異にする外国人が英国への入国・定住を認められてきたが、今日英国における外国人の数は、人口総数(一九八四年現在五六〇〇万)の約七%を占めているといわれる。

こうした英国内の外国人は、日本国内における定住外国人のほとんどを占める韓国・朝鮮人とは、その定住原因をまったく異にするものといえる。つまり、英国内の定住外国人は、旧植民地諸国、とくに西インド諸国および西アジア諸国からの入国・定住者が多いとはいえ、自らの意思と目的によって入国・定住したのに対し、在日朝鮮人のほとんどは、周知のように日本帝国主義の植民地政策と侵略戦争の結果として、当該個人の意思に反して定住を余儀なくされた人々およびその子孫である。もっとも、英国の場合も、第二次大戦中に、英国本土の軍事工場の労働者として働き、または英国軍の兵員として服役した植民地住民が相当数にのぼっていたことは確かである。

また、植民地が独立した後も、「英連邦」という形で旧植民地との法的関係を保ち、その住民の英国への入国を比較的容易に認め、自国の市民または住民として受け入れてきた英国と、講和条約(一九五二年)によって旧植民地に対する権利を完全に放棄し、あらゆる法的関係を断って、自国内に定住する旧植民地出身者を一般外国人と同じく処遇してきた日本とは、後にみるように、国籍および出入国管理の法制が基本的に異なり、単純に比較することは困難でありかつ問題の多いことも確かである。

しかし、英国が当面している外国人問題は、旧植民地諸国、とくに西インド諸国およびインド・パキスタンなどから入国・定住している旧植民地諸国からの有色人(英国市民権を有するものを含めて)に対する差別問題であり、日本国内の定住外国人、とりわけ韓国・朝鮮人に対する民族差別問題と同質のものであることも否めない事実である。そして、こうした差別の撤廃と共に、定住外国人に対する管理または処遇において、どのような法制で臨んでいるかを吟味してみることは、日本の法制を考えるうえで重要な意義を有するといえる。

二　英国の国籍法・移民法と定住外国人

英国は、その出入国については「一九七一年移民法(Immigration Act 1971)」が、そして国籍については「一九八一年英国国籍法(British Nationality Act 1981)」が、それぞれ定めている。これらの両法律の内容に関する検証は、紙幅の余裕もなく、本章の目的とするところでもないので割愛するが、ただ、英国移民法の目的および国籍法が拠って立つ基本原則について一言触れておくことにしよう。

まず、英国の移民法が達成しようとする出入国管理の目的は、旅行者、留学生などの一時的または短期的滞在者の入国を容易にしながら、移住または定住を意図する者の入国を厳しく規制する。その一方、一度入国、定住を認めた者については、住民としての権利を保障し、その妻および子どもの入国を認めることである。いいかえると、玄関口では厳しくし、一度入国を認めた者には、できるだけ定住を認めようとするのが、英国移民法の基本目的であるといえる。

この玄関口での厳しい規制は、とくに西インド諸島諸国・インドまたはパキスタンなどからの入国に対して厳しく、配偶者の入国に際し、ヒースロー空港において、「バージン・テスト」まで行い、人権侵害事件に発展したことさえあるほどである。短期訪問者の入国を容易に認め、居住を意図する入国を厳しく規制する点は、日本の出入国管理法制も基本的に同じだが、日本が一度入国を認めた者、とりわけ定住者に対しても、定住および管理について厳しい点は英国と違う。

つぎに、英国の国籍法は、出生地主義と血統主義を併用しているといえる。ただ、出生による市民権の取得は、八一年国籍法において、父または母のいずれかが英国市民であるか、または英国に定住している者である場合に限定されている(同法第一条)。この後者にあたる「定住している者(settled person)」とは、日本の出入国管理法でいう「永住許可者」に相当する在留者であり、定住者を当該社会の市民または住民として考える基本姿勢が、ここにも垣間みることができる。

さて、こうした「定住(settlement)」という在留資格の取得については、「移民法細則(Immigration rules)」の定めるところによる。つまり、同細則第一三三条が掲げるカテゴリーの在留資格者、たとえば雇用許可者、宣教師、作家または芸術家、独立生計者(a person of independent means)、自営業者などで、四年以上在留する者が、その申請に基づき在留期限を有することなく滞在を認められた者が「定住者」となる。また、移民法第一四〇条から一四七条までの規定が掲げるカテゴリーに属する「ヨーロッパ共同体」の国民も「定住者」と認められる。この場合は、定住に必要な条件がさらに緩和されている。

つぎに、入国後の管理、つまり外国人登録および再入国制度と定住外国人について触れてみることにしよう。

まず、外国人登録については、「移民法細則」第一三条において、雇用を目的として三カ月以上滞在しようとする者およびその他の目的で六カ月以上滞在しようとする者であって、期限付きの滞在許可者の場合は、一六歳以上の者はすべて警察に登録することを義務づけている。したがって、無期限の滞在者である「定住者」は登録義務がない。この点にも、「永住」を許可した後も、一般外国人と何ら変わることなく、登録を義務づけて管理しようとする日本の外国人登録制度とは大きな違いが認められる。この違いは、日本の登録制度が不法入国者の取締りを主要目的にとしているのに対し、英国は入国後の雇用または労働の管理をその目的とすることによるものと説明されるが、長期的に滞在し当該社会の住民として定着している者を、いつまでも管理の対象としてしかみようとしない日本の外国人法制の基本姿勢からくる差異というべきであろう。

さて、登録の形式または方法であるが、筆者が直接体験したことから、簡単に紹介しておくことにしよう。まず、登録に際しては、顔写真を必要とするが、いま日本でその廃止をめぐって社会問題化している指紋の押捺は必要としない。登録証明書も、二枚開きの簡素なもので、写真をホッチキスで止め、姓名、生年月日、英国内の住所および所属する大学または会社などを記載するだけである。こうした登録の形式にも、偽造・変造の防止とか、同一人性の確認のために必要であるという表向きの理由とは別の目的のために流用するために固執しつづけている日本の外国人登録制度における指紋押捺制度とは大きな差異がある。つまり、外国人を潜在的犯罪者と看做し、その人権を侵害してまで不必要なまでに管理を強化するのか、あるいは、外国人の人権を尊重し、必要最小限の管理に止めるかという、外国人管理における人権尊重思想の有無に、こうした違いは基因するものであろう。

つぎに、再入国制度について触れてみよう。英国移民法には、日本の出入国管理法のように、滞在期限内に再入国しようとする者に出国前に再入国の許可を求める制度は設けていない。したがって、滞在期限内であれば、何回出国し再入国しようが自由である。筆者自身、一年の滞在期限であったが、その間数回にわたって、ジュネーブの国連ヨーロッパ本部を訪れるために出国し、そして再入国をくり返したのである。こうした英国の法制は、一度許可した滞在の期限内に再入国する場合ばかりでなく、期限のない「永住許可者」までにも、再入国の許可を求める日本の制度と較べると、はるかに合理的であるといわざるをえない。もっとも、英国移民法も、その細則の中で、「定住者」がその在留資格を維持しつづけるためには、出国の日から二年以内に再入国しなければならないと規定している。つまり、「定住者」は、二年以内であればまったく自由に出入国が認められるのである。

ところが、日本の場合は、出入国管理法が「在留期間の満了する日以前に本邦に再び入国する意図をもって出国しようとするとき……」（同法第二六条）と謳っているように、在留期限付の滞在者に対する再入国許可制度であるにもかかわらず、在留期限のない「永住許可者」にもそのまま適用することは、法律の適用上も疑義の多いところである。さらに、最近の指紋押捺拒否者に対する再入国許可の拒否にみられるように、世界人権宣言および国際人権規約のB規約が明文で保障している「いずれの国からも自由に離れることができる」権利（B規約第一二条）を侵害するものと認められる方法で乱用されており、定住外国人の人種尊重の立場から早急に見直すべき制度であるといわざるをえない。※〔なお、日本の再入国許可も、現在は英国と同じく在留期限の間は有効となっている。〕

以上かいつまんで、英国の移民法を定住外国人に関連する問題点にしぼってみたが、日本との違いは、自国社会に定住または永住を認めた外国人の取扱いにおいて、ただ法的・形式的に定住を認めるのでなく、当該社会の住民として看做し、一般外国人と同じ管理の対象とはみていないということであろう。

三　人権の地域的国際保障と外国人

英国をはじめとする西ヨーロッパ諸国が、第二次大戦後の国際社会の発展を画する人権の国際保障において、主導的な役割を果たしてきたことは周知のとおりである。こうした西欧諸国の人権保障に対する積極的姿勢は、ヨーロッパ統合の発展とあいまって、ヨーロッパ地域内における人権の国際保障を、普遍的または国連のレベルにおける発展を先導する役割を果たしつつ、保障すべき人権の内容とその実施に必要な制度的発展をもたらしている。

現在のヨーロッパ共同体およびヨーロッパ評議会(Council of Europe)諸国が、その締約国となっている人権条約または個人の地位に関する条約は、一九五〇年の「人権および基本的自由の保護に関する条約(通称=ヨーロッパ人権条約)」の他に、一九六一年の「ヨーロッパ社会憲章」があり、外国人の地位に関連するものとしては、一九五五年の「定住に関するヨーロッパ条約(European Convention on the Establishment)」および一九七七年の「移住労働者の法的地位に関するヨーロッパ条約(European Convention on the Legal Status of Migrant Workers)」がある。さらには、個人の地位を直接目的とはしないが、個人の雇用および移動の自由を保障する規定を含む一九五七年の「ヨーロッパ共同体設立条約」があり、内国民待遇と失業労働者の再雇用を謳った「ヘルシンキ宣言」などがある。そして、これら諸条約の適用または実施機関としてヨーロッパ人権裁判所、ヨーロッパ人権委員会およびヨーロッパ共同体裁判所などが機能しており、すでに数多くの判例または事例が存在している※〔なお、一九九八年第一一議定書により、人権委員会は人権裁判所の組織に統合された。〕また、これら地域的な条約ばかりでなく、国連およびその専門機関で採択・成立してきた「国際人権規約」「人種差別撤廃条約」などにも、ヨーロッパ諸国は当事国となっている。

このようにおびただしい人権関係条約の存在は、ヨーロッパ諸国内の個人の人権と基本的自由を保障するために重要な役割を果たしてきているばかりでなく、外国人の地位および人権に関する国内法制にとっても欠かすことのできない重要な文書になっている。

当然のことながら、ヨーロッパ共同体およびヨーロッパ評議会双方の加盟国である英国も、その国内の外国人の地位を考える場合避けられない文書であることはいうまでもない。このことは、すでにみた「移民法」についてもいえることであり、定住者の妻子の入国または外国人の退去強制について、ヨーロッパ人権条約がさまざまな制約と影響を及ぼしていることからもわかる。

これら諸条約と外国人に関連する問題にすべて触れることは、紙幅の余裕もなくとうてい不可能であり、「ヨーロッパ人権条約」および「定住に関するヨーロッパ条約」そして「移住労働者の法的地位に関する条約」にしぼって触れることにする。

まず、ヨーロッパ人権条約は、その第一条が「締約国は、その管轄に属するすべての者に対して、この条約……に明定する権利および自由を保障する」と謳っているように、明文で制約を認めている外国人の政治活動(第一六条)を除き、外国人に対しても内国人と平等に人権と基本的自由を保障している。そして、英国に滞在する外国人が、この条約が保障する人権のいずれかを侵害されたと主張し、国内で救済されない場合には、同条約第二五条に基づき「ヨーロッパ人権委員会」に通報してその救済をはかり、委員会による解決が失敗に終わった場合は、委員会による「ヨーロッパ人権裁判所」への提訴による救済が可能である。この点、国際人権規約しか批准せず、しかも個人の請願を保障するB規約の議定書を批准していない日本の場合とは、外国人の権利救済の面でも、大きな違いがみられる。

つぎに、外国人の法的地位または処遇に直接関連する条約として、「定住に関する条約」と「移住労働者の法的地位条約」がある。前者は、一九二九年にパリ会議で失敗に終わった「外国人の処遇に関する条約」の内容を踏襲し、「ヨーロッパ評議会」によって採択・成立させたものであって、通常は二国間で取り極められる外国人の処遇が、多数国間条約として成立したことは画期的なことである。この条約は、締約国が相互に相手国の国民に対し、私的諸権利、司法・行政上の保障、雇用・就業、さらには租税・強制的役務および国有化などについて、内国民待遇の適用を約束し、そのために入国・居住または退去強制に関する国家の自由裁量に制約を課している。この条約は、条約締約国の国民にのみ適用されるため、その他の外国人には直接的に適用されることはないが、たとえば英国が「最恵国待遇」または非差別を約束した第三国の国民にも、間接的ではあるがその効果が及ぶことは否定できない。

この点、永住、生活保護と健康保険そして学校教育の三つの事項しか規定していない「韓日法的地位協定」しかもたない在日韓国・朝鮮人の法的地位に較べれば雲泥の差があり、韓日法的地位協定の再協議を控えている現在、韓国政府はもちろん「在日」する者すべてが肝に銘ずべきことではないかと思われる。

つぎに、一九七七年「ヨーロッパ評議会」閣僚委員会において採択された「移住労働者の法的地位に関する条約」は、従来は、労働者の本国と受入国の二国間協定によって取り極めていた外国人労働者の取扱いの問題を、ヨーロッパ評議会諸国間に共通に適用される基準によって解決しようとしたものである。統合が進んでいるヨーロッパ諸国間において適用されるとはいえ、先にみた「定住に関する条約」と並んで画期的なことであり、外国人の処遇ならびに人権保障の面においても先導的役割を果たすものである。国連において普遍的なものとして同じ内容の条約の準備作業が進められているのも、このことを物語っているものといえよう。※〔なお、一九九〇年一二月一八日には『全ての移住労働者及びその家族の構成員の権利保護に関する国際条約』を採択し、二〇〇四年七月一日に発効させている。〕

さて、この条約は、締約国の国民である外国人労働者に対し、可能なかぎり自国民の労働者より、生活および労働条件において不利な取扱いをしないことを確認し、入国・居住はもちろん、住居・家族の再結合および社会保障など、詳細な事項まで規定している。とりわけ注目されることは、外国人労働者の児童に対し、母語教育を約束していることであり、失業した場合の再雇用および帰国の際には必要な便宜の供与についてまで定めている。

こうした条約は、ヨーロッパ評議会の加盟国である英国の外国人労働者取扱いにも影響と効果を及ぼすものであり、ヨーロッパ人権条約あるいはヨーロッパ社会憲章などと共に、定住外国人または外国人労働者の生活と人権を保障する重要な砦として機能するものである。その具体的実施にはまだ困難が多いとはいえ、在日定住外国人の状況からみれば羨望の感が堪えない思いである。と同時に、経済大国とか先進国ともてはやされている日本が、人権保障の面においては、いかに遅れているかを改めて痛感させられる。

四 人種差別撤廃と定住外国人

すでに触れたように、第二次大戦後、アジア・アフリカの旧植民地諸国から、多数の有色人種が移住したために、歴史的な人権問題といえるウェールズおよびスコットランドなどとは異なった意味での新しい人種問題が惹起している。なかでも、アジア人およびカリブ海諸国から移住した黒人に対する偏見と差別は根強い。筆者が滞在している間に、人種暴動が発生したバーミンガムなどの有色人種の多住地域は、白人居住地域に比して、失業者が三倍も多いといわれるように、そうした人種差別は雇用分野にもっとも顕著にあらわれている。こうした人種差別を撤廃し、人種間の平等を確立するため、英国政府は一九六五年「人種関係法(Race Relations Act)」を制定した。その後、一九六八年そして一九七六年の二度の改正が行われて現在にいたっている。ここでこの法律を詳細に紹介または検証することはできないが、定住外国人に関連するとみられる点だけを触れておきたい。

まず、その名称が示すように、この法律は人種差別の撤廃を目的とするものであるため、一九七六年の改正以前は、国籍は差別禁止の事由として含まれていなかった。しかし一九七六年法は、差別してはならない事由として、皮膚の色(color)、人種(race)、種族的または民族的出身(ethnic or national origin)の他に「国籍(nationality)」を加えている。したがって、外国人であることを理由とする差別は、同法に違反することになり、真の意味における内外人平等の実現にとって重要な意義を有するものである。

つぎに、同法律が禁止する差別は、雇用、教育、住居の他に物品、便宜またはサービスなどの供与の分野にまで含まれており、とりわけ雇用の分野については、実施規則(code of practice)まで制定して、差別の防止をはかっている。また、禁止される差別行為は、直接的差別だけでなく、実質的に、または結果的に特定の人種または外国人を差別し排除することになる間接的差別も含まれ、差別行為を告発した者に対して行う不利益な取扱い(victimization)をも禁止している。さらに、この法律の実施を監視し指導するだけでなく、具体的差別に対して解決をはかり、必要に応じて裁判所に提訴できる権限を有する「人種平等委員会(Commission for Racial Equality)」を設けている。

そして、この法律が禁止する差別を受けたと主張し、人種差別平等委員会または裁判所あるいは(雇用差別の場合は)労働審判所により差別であると認められたときは、精神的慰謝料を含む補償の支払いと、差別によってもたらされた不利益な結果の是正あるいは回復の措置がとられる。

このように差別を禁止するだけでなく、受けた差別に対する具体的救済をはかっている英国の法制に照らして日本の現状をみるとき、施行して一年ばかりしかたたない「雇用均等法」を除けば、反差別法さえ存在せず、寒心にたえないというのが偽らざる思いである。さらに、内外人平等を基本原則とする国際人権規約を受け容れて七年も経過している今日においてさえ、韓国人または朝鮮人であることを理由に、民間企業はいうに及ばず、行政機関までが雇用を拒否し、あるいは賃貸住宅への入居を拒否するという差別状況が、法的には野放し状態にあるばかりでなく、指導する立場にある行政当局が黙認し、ときには隠ぺいさえしているという実状に比し、英国は、公務員の採用においても、地方レベルに関するかぎり、定住外国人にも門戸を開放しているのである。※〔その後日本の地方自治体も外国人に門戸を開放

してきている。〕

つぎに、人種関係法は、他の人種に対する憎悪を煽動するような書物または文書を出版・配布したり、公の場所または会合において、他の人種を侮辱し攻撃する内容の言葉を使用するような行為を犯罪と定め、六カ月以下の懲役または四〇〇〇ポンドの罰金で処罰されるものと規定している。これは、人種差別撤廃条約第四条が、締約国に対してその禁止と処罰を求めている、人種主義(Racism)の思想の流布、人種的憎悪の煽動といった行為を、国内法的に禁止し処罰する措置を取ったものであり、国際人権規約B規約第二〇条が締約国に課している義務でもある。

ところが、人権規約の締約国である日本は、同じような立法措置を取らないだけでなく、他の民族の存在さえ認めない「単一民族国家」というイデオロギー、すなわち日本型の人種主義を総理大臣自身流布しているありさまである。日本国内においてしばしば発生している他の民族または個人集団を差別し攻撃する落書きなどが絶えないのは、こうした日本政府の基本姿勢と関係がないとはいいがたいだろう。

このような人種主義に対する基本的態度の違いは、教育の分野にもそのまま反映されている。つまり、英国は、人種主義と人種差別に反対する教育を、あらゆるレベルの教育の中に導入すると同時に、人種間の友好関係または共存を維持・発展させるために、多文化教育(multi-cultural education)または文化間教育(inter-cultural education)を行っている。たとえば筆者が滞在していたオクスフォード市には、多文化教育センターがあって、さまざまな民族の言語によって書かれたテキストを備えつけ、また民族教師を用意して、必要に応じて各学級にテキストを提供し、教師を派遣している。こうした努力は、ロンドン、バーミンガムなど、少数民族が多数居住している都市では、ほとんど行われている。

これに対し、日本の場合は、周知のように、単一民族国家思想に根差す同化政策が、戦前・戦後と一貫して維持され、韓国・朝鮮人の民族教育を否定し、アイヌ民族が自分の言葉を教えることさえ抑圧してきている。その結果、大阪にある小学校では、生徒総数の三分の二以上が朝鮮人であるにもかかわらず、当該生徒たちの母語・文化または歴史に関する教育は、課外活動としても行われていないのが実状である。※〔もっとも、二〇〇四年現在は、大阪市では九八を数える学校に民族学級が設置されている。〕

教育における民族的差別は、民族教育の否定に限らない。つまり、教育委員会が朝鮮人児童には就学通知を出さなかったり、あるいは、朝鮮人児童の入園・入学を拒否するような事件さえ、いまだに発生しており、差別のために、学校の中でさえ、自分の民族名＝本名を使用できないというありさまである。

こうした差別事象は、英国社会にあっては、とうてい考えられないことである。もっとも、学校の児童・生徒の間では、たとえばパキスタンの子どもには「パキパキ」、そして中国の子どもには「チンキチンキ」といった差別用語が浴びせられるなど、私人間のレベルにおける差別が依然はびこっていることは否定できない事実である。しかし、少なくとも、教育制度または教育機関による差別は、法律によって禁止されているばかりでなく、人種主義・人種差別を撤廃するための教育をしていることだけではたしかである。

おわりに

以上、紙幅の関係もあって、英国における定住外国人をめぐる法制または処遇の一端を、筆者の経験と研究に依拠しつつ、法的または理論的な問題は割愛し、おおよその内容と実態だけを紹介し、在日定住外国人の問題を考える一つの材料として提供したつもりである。

こうしたおおまかな紹介からもわかるように、英国と日本は、確かに類似する面を多くもち、とくに経済的あるいは技術的な分野においては日本が英国に優るといえるが、こと人権保障の分野、とりわけ定住外国人の人権を尊重し、住民としての生活権を保障する面では、日本はまだ後進国の地位にあるといわざるをえない。とくに、自国内に生まれ育ち、労働と納税をとおして、内国民とまったく同じく、社会発展に寄与している定住外国人を、人間として住民として認めようとせず、一般外国人と同じく、いやそれ以上に管理の対象としてしかみようとしない日本の定住外国人政策が、英国法制をとおして一層鮮明に見えてきたのではないかと思う。

英国の場合は、国籍の違いを理由にする外国人差別を、人種差別の中に包含し、法律によって禁止し、差別に対する救済措置まで用意しているばかりでなく、他民族を差別し排除する人種主義に基づく行為を犯罪として処罰し、教育の中に「反差別」「反人種主義」を積極的に導入している。これに対し日本は、差別を禁止する法律をもたないばかりか、政府みずから、民族教育を否定し、定住外国人教員の採用を妨害し、首相をはじめとする閣僚による単一民族国家思想または民族優越思想を公然と流布しているというありさまである。一二四カ国にのぼる国家が批准している人種差別撤廃条約をいまだ批准していない理由は、こうした基本姿勢にあるのかもしれない。したがって、定住外国人を住民として民族として認め、その人権を尊重し差別を撤廃するためにも、人種差別撤廃条約の批准が急がれるように思われる。

※〔なお、一九九六年には日本も人種差別撤廃条約に加入し締約国となったが、差別撤廃に必要な立法措置は取られていない。〕

5　定住外国人と地方自治体の参政権

はじめに——基本的視座

今日、日本社会が当面している外国人問題は大きく分けて二つある。その一つは、いわゆる「不法就労外国人」といわれる人たちと絡んで論議をよんでいる外国人労働者の受け容れ問題であり、他の一つは、日本社会の住民として、この社会に家庭と職場をもち労働と納税をとおして、内国人と同じくこの社会の発展に寄与している定住外国人の処遇に関する問題である。そして、この後者つまり定住外国人の八〇％は日本の旧植民地住民である韓国・朝鮮人である。この人たちは、日本の朝鮮半島に対する植民地支配の過程で、日本本土への渡航・定住を余儀なくされ、「皇民化」政策によって民族性を剥奪され、「皇国臣民」として日本の侵略戦争遂行のために命と労働の提供を強いられる一方、参政権までも賦与されていた。ところが、日本の敗戦から今日にいたるまでの四五年間、この人たちの法的地位および処遇は、文字どおり「紆余曲折」の過程を経てきた。つまり、みずからの都合と意思で付与した日本国籍を一片の通達でもって剥奪し、今度は日本国籍を有しない外国人であるという理由で、法的社会的差別により、同化（＝日本への帰化）と追放（＝帰国）のいずれかの選択を迫ってきた。

もっとも、一九六五年の韓日法的地位協定、一九七九年の日本政府による国際人権規約批准さらには韓国の経済的発展に伴う国際的地位の相対的向上、そして何よりも在日韓国・朝鮮人の人権意識の高まりとねばり強い差別撤廃運動の結果、「煮て食おうが焼いて食おうが勝手だ」という発言に象徴される恣意的差別の状況はずいぶんと改善されてきたこともたしかである。しかし、指紋押捺と登録証の常時携帯の強制による不当な管理と再入国許可制度および退去強制の適用による居住・移動の自由の制約、さらには公務員採用拒否、民族教育の否定など、在日韓国・朝鮮人が基本的人権を享有し民族として生きるために解消すべき不合理な差別はいまなお温存しているのも事実である。

こうした不合理な差別の完全撤廃に加えて近年とみに論議をよんでいる問題の一つが地方自治体の参政権要求である。この参政権要求は、この社会に生まれ育った人たちが九〇％を超えているという世代交代の進化に伴い定住化志向が一般的となり、祖国ばかりでなく定住する日本社会の住民または市民としての意識が高まってきたことが背景の一つとして指摘できる。いいかえるならば、労働と納税をとおしてこの社会の発展に寄与する住民として、義務もしくは負担は求められながら、権利の享受とりわけ社会的政治的参加は否定されている不合理な現実に目覚めてきた結果であるといえる。したがって、定住する外国人として参政権を求めることは、人権意識と住民意識の向上がもたらした当然の論理的帰結である。

しかし、在日韓国・朝鮮人の意識変化に基づく要求とりわけ参政権獲得が実現することはそれほど容易でなく、理論と実践の両面にわたる相当のエネルギーと時間が必要であることをまず認識しなければならない。つまり、まず既存の法律によっても当然に認めなければならない地方自治体住民としての社会参加を認めさせ、つぎに、いくつかの法改正を必要とする政治参加＝参政権の取得へと段階的に取り組むべきである。そのためには、まず、人権として参政権の法理そして現行法の内容と問題点を把握し、国際人権法もしくは国際的状況と在日韓国・朝鮮人社会の実状に照らして、その可能性と方法を吟味することが肝要であると思う。

一　参政権の法理

参政権が権利として主張され保障されるようになった歴史的過程は、西ヨーロッパにおける市民国家と民主主義の成立・発展の過程でもある。つまり、いわゆる「社会契約論」に基づいて国家＝政府の成立と存在を理由づけ、国家＝政府の意思と行動は、つねに市民もしくは国民との合意に基づいていなければならないという論理にはじまる。そして、市民国家＝国民国家の形成過程においては、国民主権を基本原理とする民主主義のコロラリーとして、参政権は主権者である国民に保障される権利、つまり国民固有の権利とし、認められてきた。そして、国家の構成員＝国民ではない外国人および無国籍者には保障されないことが当然の法理として考えられてきた。

つぎに、参政権は、早くから「国民の義務」の一つであるといわれてきている納税の義務との関わり合いで主張され認められてきた。つまり、国家の基本財政は国民が納める税金によって成り立っているのだから、税金を納める者にはその見返りとして投票権もしくは参政権が付与されるべきであるという論理である。そして、ヨーロッパおよび日本においても、歴史的には、すべての国民ではなく、税金を納めるものに限って、あるいは納める税金の額によって、選挙権・被選挙権が認められていた。しかし、この税金の見返りとして認められる選挙権も、当該国家の国民でない外国人の場合は、たとえ税金を納めても保障されることはなかったのである。

以上かいつまんでみたように、参政権もしくは選挙権は、国民主権＝主権在民という民主主義の基本原理および納税義務の見返りという法理に基づいて主張され、かつ保障されてきたのであって、はじめからすべての個人が享有する権利ではなく、国民しかも納税者、成年者そして男性という特定の国民にのみ保障されてきたのである。そして、男女を問わず一定年齢以上に達したすべての者に平等に保障される今日においても、参政権は国民固有の権利であるという考え方が支配的であることは否定しえない。そして、「グローバル化」とか「国際化」といわれるように、国際社会の組織化もしくは統合が進められ、国際的協力と連帯による諸問題の解決を必要とする現在においても、主権・独立を主張する国家の並存という権力構造に根本的変化がなく、国家がその国籍を法的連結素とする個人を構成員とする国民共同体とする論理が支配するかぎり、参政権を国民固有の権利とする法理は当分変わりそうもないのが実状である。

もっとも、経済的にそして政治的にも統合が進められている西ヨーロッパでは、後に見るように、地方レベルにおける選挙権もしくは投票権を外国人住民にも認める国が多数存在し、今後とも増え続けることが予想される。また、欧米および日本などの諸国において確立されている地方自治制度が「住民自治」または「住民参加」をその本旨にしていること、さらに、外国人労働者など外国人としての地位を維持しつつ、集団的に定住する人々が増加しているという実態が一般化されていることから、地方自治体は国民共同体ではなく外国人を含む住民共同体であるという考えに基づいて、地方レベルにおいて外国人住民にも参政権を付与すべきであるとする主張が高まりつつあることもたしかである。

二　日本国憲法・地方自治法と外国人住民の参政権

第二次大戦後、平和と民主主義を国是とする国家として再出発した日本国の憲法は、その前文のなかで主権が国民に存することを宣言して日本が国民主権国家であることを明らかにしている。そして、すべての個人が享受すべき人権と基本的自由の享有主体を「国民」と規定し、外国人の権利享有をめぐって論議を惹起したことからすれば、当然の論理的帰結とはいえ、「公務員を選定し、及び罷免することは、国民固有の権利」であり、「公務員の選挙については、成年者による普通選挙を保障する」（第一五条）と謳って国民に参政権を保障している。このように、日本国憲法は、はじめから参政権を国民固有の権利として保障し、外国人をその享有主体から排除している。また、こうした憲法の規定に基づき、公職選挙法も「日本国民で年齢二〇年以上の者は、衆議院議員及び参議院議員の選挙権を有する」（第九条）と定めて、日本国民だけが参政権を享有できることを具体的に明示している。以上みた、憲法および公職選挙法の規定からもわかるように、衆・参両議院議員の選挙権すなわち中央レベルの選挙権について、外国人には認められないものと明文の法律規定で明らかにしている。

つぎに、地方自治体における参政権をみることにする。

日本国憲法第九二条は「地方公共団体の組織及び運営に関する事項は、地方自治の本旨に基づいて法律でこれを定める」と謳って地方自治制の採用を明らかにし、地方自治法がこれらについて詳細に規定している。また、憲法第九三条は「地方公共団体の長、その議会の議員及び法律の定めるその他の吏員は、その地方公共団体の住民が、直接これを選挙する」と定め、地方自治体の参政権については、国民でなく、住民をその享有主体としている。この憲法規定でいう「地方公共団体の住民」とは地方自治法によれば「市町村の区域内に住所を有するものは、当該市町村及びこれを包括する都道府県の住民とする」(第一〇条)となって、日本国籍の有無ではなく、住所を有する者すべてを地方自治体の住民としている。したがって、この二つの規定だけをみるかぎり、地方自治体における選挙権については、日本国民だけでなく外国人住人にも認められるものと理解される。そしてこれは、住民参加を本旨とする地方自治の原理から導かれる当然の結果であるといえる。

ところが、地方自治法第一一条は「日本国民たる普通地方公共団体の住民は、この法律の定めるところにより、その属する普通地方公共団体の選挙に参与する権利を有する」と定めて、地方自治体の選挙から外国人住民を排除している。このことは、公職選挙法によっても「日本国民たる年齢満二〇年以上のもので引き続き三箇月以上市町村の区域内に住所を有する者は、その属する地方公共団体の議会の議員及び長の選挙権を有する」と定め、具体的に明示されている。そしてさらに、選挙権以外の政治参加、たとえば条例制定、監査請求および自治体の長の解職請求など幅広く認められている住民参加についても、すべて「日本国民たる住民」に限定し、外国人住民を除外している。

このように、日本の地方自治法は、一方では、地方自治体に住所を有する者をすべて住民と認め、外国人を含む全ての住民は地方公共団体の役務＝サービスの提供をひとしく受ける権利を有し、その負担をも分任する義務を負うとして（第一〇条二項）、権利・義務の両面における内外住民の平等を認めながら、他方では、地方自治の基本原理である住民参加つまり選挙権およびその他の政治参与については「日本国民たる住民」にのみ賦与している。その結果、外国人住民は納税の負担は日本国民たる住民と分任するが、権利享有の面とりわけ地方自治への参加は認められないという不平等な地位を強いられている。こうした二律背反的な規定は、すべての住民の参加を本旨とする地方自治の原理に反するものであり、内外住民平等の原則に違背することはいうまでもない。しかし、地方自治とはいえ、「三割自治」といわれるように、財政その他の多くの面では中央直結のままであり、国政から独立した真の自治からは程遠く、地方自治体が名実ともに住民共同体になっていない実状からすれば当然ともいえる。また、まえにみたように、公務員の選定・罷免を国民固有の権利であるとする憲法第一五条の規定とは合致する物であり、その違憲性を問うことはむずかしいともいえる。とはいっても、選挙権だけでなく、条例制定などあらゆる住民参加から外国人住民を排除することが合理性を有するかは疑わしい。

三　国際人権法・国際的潮流と外国人の参政権

1　国際人権法

第二次大戦後の国際社会は、人権と基本的自由をいかなる差別もなくすべての個人に平等に保障するため、すべての国家が達成すべき共通の基準を設定するものとして、世界人権宣言と国際人権規約からなる国際人権章典を中心とする数多くの宣言と条約を採択・成立させてきている。そして、在日韓国・朝鮮人に対する不合理な差別を撤廃し人権状況を改善するうえで国際人権条約および難民条約が大きな効果を発揮した。

これらの国際人権文書のなかで参政権について明文規定で定めているのは、世界人権宣言、国際人権規約のB規約そしてヨーロッパ人権条約および米州人権条約がある。まず、世界人権宣言は「何人も、直接に、又は自由に選出される代表者を通じて、自国の統治に参与する権利を有する」(第二一条)(傍点は筆者)と謳い、つぎに国際人権規約も、「すべての市民は……直接に、又は自由に選んだ代表者を通じて、政治に参与し……定期的選挙において投票しかつ選挙される」権利を有すると規定している(第二五条)。このように、国際人権文書の基本法である両文書はいずれも参政権について「自国の統治」に参与する権利であり、市民=国民の権利であると規定しており、外国人が居住する国の政治に参加する権利とは定めていない。さらに、地域人権条約であるヨーロッパ人権条約は、外国人の政治活動に対しては制約を課することを認めており(第一六条)、米州人権規約の場合は、すべての市民=国民は定期的選挙において投票し選挙される権利と機会を享有するとし、この権利と機会は国籍によって規制できることを明示している(第二三条)。

以上かいつまんでみたように、国際人権文書は、普遍的条約もしくは地域的条約のいずれも、参政権の享有主体を市民または国民に限定しており、ヨーロッパ条約および米州条約の場合は、外国人の政治活動と選挙権を規制できることさえ認めている。したがって、内外人平等を原則とし、人権と基本的自由の享有において国籍に基づく差別を禁止している国際人権法においても、参政権もしくは選挙については国民または市民の権利とし、外国人による享有は認めていないのである。

2　国際的潮流――西ヨーロッパの場合

さて右に見た国際人権法は、すべての参政権の享有を国民もしくは市民に限定しているが、西ヨーロッパ諸国の中には、一九七〇年台から、外国人にも地方レベルにおける参政権を認め、外国人が地方議会の議員に当選する事例さえ認められる。つまり、西ヨーロッパとりわけ「ヨーロッパ評議会(Council of Europe)」加盟国は、まだ全加盟国ではないが、多数の国が外国人に地方レベル選挙権または投票権を認めているか、認める方向に検討または議論が進められているといえる。

こうした西ヨーロッパの発展は、ヨーロッパ統合の進展と切り離して考えることはできない。つまり、ヨーロッパ共同体そしてヨーロッパ評議会という国際組織をとおして、経済的、文化的な分野ばかりでなく政治的にも統合を進めている。そして、経済的には、人と物の自由な交流をはかり、政治的には各国の国民が直接選出する議員からなるヨーロッパ議会を設立するなど、他の地域においては考えられないままでに統合を達成している。そして、外国人の選挙権については、ヨーロッパ議会、閣僚委員会などが、地方レベルにおいては積極的に認めるよう勧告している。そして、西ヨーロッパ諸国の場合、人の交流が自由であることと、外国人労働者が定住するようになり、全人口の七〜一〇％に達する外国人住民が在留するようになっていることも大きな要因の一つといえる。つまり、多数在住する外国人の住民意識の向上による定住国社会への統合(integration)を進めることが必要であるという判断があることも事実である。

そしてさらに、西ヨーロッパ諸国は、国連に先がけて、一九五〇年には人権条約を採択し、内外人平等原則に基づく人権保障を積極的に進め、ヨーロッパ人権裁判所の設立など、その実施機関をも確立してきた。こうした人権保障の国際化に照らしてみるとき、国家主権とは直接的に関わりのない地方自治から、外国人を排除する積極的な理由がないばかりか、今後の国家を国民共同体でなく住民共同体へと発展するものと展望し、すでに住民共同体になっている地方自治体から外国人を排除するのは、民主主義の原則にも反するという考えが広まってきている。

こうしてみると、西ヨーロッパの事例は、西ヨーロッパの統合と人権保障の発展の過程にみられる当該地域特有の事情によるものであって、まだ国際社会全体の潮流とは、今の段階ではいえないのである。

四　在日韓国・朝鮮人と地方自治体の参政権

以上概略的にみたように、日本の憲法、地方自治法そして公職選挙法のいずれも、選挙権については日本国民に限定し外国人住民を排除しており、また、国際人権法も参政権の享有主体を国民＝市民に限っており、西ヨーロッパの潮流も、今のところ国際社会全体のものとは理解できない。したがって、在日韓国・朝鮮人の参政権は既存の法制によって主張し獲得することは難しいことをまず認識しなければならない。しかし、外国人住民を排除している既存の法制が合理的かつ正当なものであるかは非常に疑わしい。したがって、外国人の参政権ばかりでなく、社会的政治的参加を含む外国人住民の法的地位を地方自治の本旨に照らして再検証していく必要がある。

1　地方自治の本旨と外国人住民

すでにみたように、地方自治法は、内国人、外国人を問わず、ある自治体に住所を有する者すべてを当該自治体の住民と認め、権利の享有と負担の分任において内外住民の平等を認めている。しかし他方では、選挙権ばかりでなくその他の政治参加についても、「日本国民たる住民」にのみその享有を認めており、これは住民参加による住民自治という地方自治の本旨に反することはすでに指摘したとおりである。

ところが、地方自治における外国人住民の排除は、参政権ばかりでなく、住民登録および役務＝サービスの提供などにおいても、外国人を地方自治体の住民として処遇していないのが実状である。つまり、地方自治法第一三条の二は「市町村は……その住民につき、住民たる法的地位に関する正確な記録を常に整備しておかなければならない」と規定し、この規定を実施するために住民基本台帳法が制定され、日本国民たる住民は登録を義務づけられている。そして、この記録＝住民票に基づいて自治体によるサービス提供と住民の権利享有が行われている。ところが、外国人住民は、この住民登録からは除外され、管理のために法務省が行う外国人登録を行っているだけである（住基法第三九条）。つまり、外国人住民は、はじめから、自治体の役務＝サービス提供など権利を享有する住民とは認めず、指紋押捺など人権侵害を伴う管理の対象としか考えられていないのである。そのため、社会福祉など自治体から提供されるサービスから外国人は排除され、民生委員、人権擁護委員、などあらゆる地域参加から外国人住民は排除されてきたのである。

こうした外国人住民の排除は、「日本国民たる住民」に明文規定で限定している参政権ばかりでなく、地方自治法が自治体に義務づけている住民登録からも除外していることは、明らかに地方自治法に違反するものであり、他の外国人住民差別もこの違法状況に根差しているといわねばならない。したがって、参政権獲得の大前提として、まず住民登録を外国人住民にも適用させることが必要であり、つぎに、法改正を伴うことなく認められる住民参加を強く求めていくことが必要である。いいかえると、日本の地方自治制度が外国人住民をその住民として法制上認知していない状況を是正していくことが当面の課題であると思われる。

2　参政権と在日韓国・朝鮮人の将来

右にみたように、参政権獲得は、住民としての認知と住民参加を認めさせ、つぎに法改正を伴う参政権獲得に取り組むという段階的な運動が必要である。そして、それまでに、参政権という権利の本質と在日韓国・朝鮮人の将来と関連して必要な論理の構築と努力を傾けるべきであろうと思う。

つまり、参政権という権利は、たしかに一人ひとりの人権であり、社会参加にとって欠かせないものであるが、同時にその具体的行使は、政治的信念もしくは利益を共通にする個人集団によって行われるのが一般的である。いいかえると、「在日」にとっての参政権は、「在日」という民族共同体の基本的権利と意思を日本の地方政治に反映させることが最大の目的であるという認識に間違いがないならば、四〇数年にわたる同化と差別政策そして南北分断という民族内部の対立によって崩れつつある民族共同体の建て直しの作業が必要ではないかと思う。そして、この民族共同体の再生は、まず民族教育の制度的保障を確立させ、つぎに民族内部の信頼・調和と統一のために必要な努力を積極的かつ粘り強く進めていかねばならない。このことは、参政権獲得が、ある特定のグループではなく、「在日」全体の利益とりわけ民族として生き残るために役立つものでなければならないという共通認識の確立が必要であることをも意味する。※〔金東勲『外国人住民の参政権』明石書店、一九九四年、参照。〕

第三部　朝鮮半島の人権と平和

1 韓国の社会発展と人権・民主化活動

はじめに

韓国は、日本帝国の植民地支配から解放され、南北に分断された朝鮮半島の南側に樹立された分断国家として歩み始めてから五〇周年を迎える。その間、植民地支配からの解放の喜びも束の間、今度は、大国の利益そして冷戦の論理によって民族の分断と対立という困難に当面することになる。そして、長年の植民地支配によって破壊された民族共同体もしくは国家社会の発展基盤を回復し再構築する間もなく、南北間の全面的武力衝突によって、韓国社会は物理的にそして精神的に打ちのめされる。つまり、分断されたままの政府樹立から二年も経過しない一九五〇年六月二五日に勃発する南北間の武力紛争いわゆる朝鮮戦争は、民族内部の争いにとどまらず、アメリカ合衆国を主導とする多国籍軍からなる国連軍と中国軍の介入により国際紛争へと発展した。一九五三年七月二七日休戦協定が成立するまでの三年間にわたって、朝鮮半島を二度も縦断した戦乱は、朝鮮半島の南北、全土の社会的経済的基盤を破壊し尽くしてしまい、人々は精神的に大打撃を受けることになる。

こうした戦争が残した深い傷跡を背負って政治的経済的発展を追求しなければならない韓国社会は、

南北の厳しい対立関係が続くなかで、カリスマ独裁・軍事独裁と民主主義・人権の確立を求める市民勢力との衝突・抗争を繰り返し、一九九〇年代に入ってようやく民主主義社会、市民社会へと発展するようになった。こうした韓国社会の政治的発展がたどったプロセスは、「四・一九革命」、「五・一六軍事クーデター」そして「光州《クワンジュ》民衆抗争」というキーワード、さらには、李承晩《リスンマン》の国外逃亡と朴正熙《パクチョンヒ》の射殺、全斗煥《チョンドゥファン》と盧泰愚《ノテウ》両元大統領の裁判などの出来事が象徴的に表している。このように韓国社会の政治的民主主義の発展は、文字どおり波乱と苦難に満ちた過程を辿る。他方、経済的発展は、「開発独裁」というキーワードが物語るように、経済開発と高度成長を至上命題とする軍事政権は、政治的自由と労働者の基本的権利を制約し、財閥の保護育成を基本政策に据えることにより急速な成長を達成できた。ソウル・オリンピック開催、一人当たりGNP一万ドル達成、OECD加盟といった高度経済成長を裏打ちする出来事は「ハンガン(漢江)の奇跡」として世界の注目さえ集めた。もっとも、この「奇跡」がいかに脆弱なものであり皮相的なものであったかは、一九九七年秋に始まる経済・金融危機によって破綻寸前に陥った韓国経済が如実に物語ってくれる。「開発独裁」の存在理由もしくは正当性が、とりわけ人権と民主主義の視点から再検証され、経済的危機の克服と民主主義の発展は両立可能であることが、金大中《キムデジュン》新大統領の下で立証されることが期待される。

なお、韓国の社会発展を人権の視点から考察することを意図する本章は、右に触れたような韓国の政治的経済的発展の過程を次の三つの問題に焦点を合わせて考えることにする。その一つは、韓国の社会発展とりわけ政治的民主主義と人権の確立を阻害する要因であり、次には、独裁政治と人権・民主化闘争である。そして最後に、民主化への道を歩み始めた韓国社会の人権状況を国際人権基準の実施過程に照らして考えることにする。

一　韓国の社会発展と民主化の阻害要因

一九四五年八月一五日、日本帝国の植民地支配から解放され、一九四八年八月一五日には大韓民国政府が樹立され、同年九月に樹立される朝鮮主義人民共和国(以下「北朝鮮」と略称)とともに、南北に分断された国家として発足することになる。そして、第二次大戦後の国際政治を支配した冷戦体制は、南北分断と並んで、韓国社会の発展と民主化を阻害する要因として作用する。つまり、韓国の社会発展と民主化もしくは人権の確立を考えるとき、日本帝国の植民地支配、南北の分断と対立そして冷戦体制が及ぼした否定的作用は看過できない要因である。

1　植民地支配の遺産

一九〇五年一一月の第二次日韓協約＝乙巳保護条約の締結による外交権の剥奪と統監政治の開始により実質的に日本帝国の支配下に置かれた朝鮮半島は、国王と政府閣僚に対する脅迫と強要によって締結させられた併合条約によって完全に日本帝国の植民地となった。一九〇七年ヘーグで開催された万国平和会議への国王密使派遣、一九〇九年ハルピン駅での伊藤博文暗殺に象徴される韓国の王室と人民の反対を軍事力で抑圧して始まった日本帝国の植民地支配は一九四五年八月に終結するまでの三五年間続くことになる(海野福寿『韓国併合』岩波新書、一九九五年、参照)。

この間、日本帝国が維持した植民地支配は、土地調査事業、皇民化そして兵站基地というキーワードで要約できるが、これら植民地政策は解放・独立後の社会発展を阻害する要因として作用する。本章では、これら三つの政策に限定して、植民地支配が残した独立後の社会発展への否定的作用を検証することにする。

まず、日本帝国が着手した最初の植民地政策は、土地調査事業による土地の収奪と農業の支配であった。この土地調査事業は、土地に対する権利概念の明確化、価格の査定そして地形の調査を名目とするものであったが、当時の農民が識字能力を有しなかったことや、法的手続きの無知につけ込んで申告制を採用し、実質的には農民から土地を剥奪して国有化し、日本人に引き渡すことになる。その結果、農家の三七・六%に当たる一〇〇万戸あまりが土地のない小作農になり、東洋拓殖会社に代表される日本人大地主に納める小作料と高利の借金によって搾取され、農村を離れることを余儀なくされる人々が多くなる。そして、農村に残った人々も、農作物のほとんどを小作料または高利借金の返済につぎ込み、太平洋戦争が始まると「供出」という名目の国家による米の収奪と日本本土への移送によって農村の食糧不足は極限状態に陥り、こうした状況は一九六〇年代まで続くことになる(姜在彦『日本による朝鮮支配の四〇年』朝日文庫、一九九二年)。

次に、日本帝国の植民地支配が意図したもう一つの目的は、朝鮮半島の人々から、民族的アイデンティティを剥奪し、日本天皇に忠誠をつくす皇民の育成であった。いわゆる「皇民化」の政策といわれるもので、それは、朝鮮半島の人々に、日本語使用の強制、宮城遙拝と神社参拝そして皇国臣民誓詞斉唱の強要などによる「民族の抹殺」であり、今日でいう文化的ジェノサイド(cultural genocide)であった。こうした皇民化政策は、日本近代化百年を支えたイデオロギーである単一民族国家観にもとづくものであったが、太平洋戦争の遂行に朝鮮半島を巻き込み、侵略戦争をより有利に推し進めようとする魂胆によるものでもあった。これは、民族名を奪い日本流の姓と名に改めさせた創氏改名と国語(日本語)使用運動の強制と、「内鮮一体」のスローガンによる太平洋戦争への全面的加担策が物語ってくれる。つまり、一九三九年九月に始まる労務者の動員、いわゆる強制連行による朝鮮人労働者に対する奴隷的労働の強制と徴兵制の適用(一九四二年)によって朝鮮半島出身の若者を戦場に狩り出したのである。

このように、日本帝国の植民地政策は、朝鮮の人々から民族性を剥奪して忠良な「皇国臣民」を作り、戦時産業を支える労働力と侵略戦場の弾丸除けとして総動員することを最優先の課題にするものであった。しかし、皇民化政策による戦争加担の政策は、後に見る民族解放運動に対するおそれからとった愚民化教育と矛盾するものであり、一方における植民地支配と他方における侵略戦争遂行は両立しがたい二つの難題であった。つまり、戦争遂行に役立つ労働者もしくは若者になるためには日本語の理解がなによりも重要であったが、朝鮮半島では義務教育制度を適用しなかったことから、一九四三年になってても二二%程度の人々しか日本語を理解できなかった。このことは、日本の植民地支配下の非識字率がいかに高かったかを示すものであり、解放後の社会発展と民主主義に必要な人材が用意されていなかったことをも教えてくれる。したがって、植民地支配から解放され独立国家を建設する過程に必要な労働力と知識人の数が絶対的に不足し、労働力の供給と人材の育成が重荷として残されたのである(朴慶植『朝

鮮人強制連行の記録』未来社、一九六五年、参照）。

最後に、侵略戦争の遂行過程で、朝鮮半島を戦争を支える兵站基地とするために、すでに見た「供出」という名の食糧供給および強制連行による労働力供給と並んで、部分的に工業化が進められた。

この工業化は、一九三〇年代に入って当面する日本本土での経済的不況を避けて朝鮮半島にその活路を見出そうとした日本の財閥によって進められるが、その象徴的なものが、鴨緑江水系を利用した水力発電と北朝鮮の興南《フンナム》に建設された窒素肥料工場であった。そして一九四〇年代に入ると、それまでの金の生産に加えて、マグネサイト、コバルト、タングステンなど軍需鉱物の開発が強力に進められた。そして、一九四三年には工場数一万四八五六、その従業員数五四万九七五一名に達することになる。こうした工業化は、戦後に議論される植民地支配の評価のなかで、「朝鮮の利益」になったとする主張の根拠にもなる。しかし、これらの工業も、指摘されているように、日本本土の工業に従属され、民族資本も一一％に過ぎず、朝鮮人労働者のほとんどは管理・技術の分野ではなく単純労働に従事しているなど、植民地支配と無関係の存在ではありえなかった。しかも、こうした限定的な工業でさえ、鉱物資源に恵まれている北朝鮮に集中していたために、分断したままに進めなければならなかった韓国の自立的経済の再建に役立つどころか、分断と対立による送電の中止と肥料供給の拒否により、大きな打撃にさえなる。

以上見たように、日本人地主による農村支配、皇民化の強要による民族性の剝奪と愚民政策による高い非識字率、そして工業化の限定性と植民性などは、解放・独立後の経済的政治的発展にとって足かせになる。ただ、植民地支配に抗し、民族の独立回復のために繰り返し行われた数々の闘争の経験は、不当な支配と抑圧には一命を賭してまでも闘う不屈の抵抗精神を育むことになる。こうした闘いは、今日にいうゲリラ戦を全国的に展開した国内の義兵闘争、日本の関東軍を相手に中国軍とともに戦い続けた解放戦争、さらには素手で日本帝国の軍隊と警察に立ち向かい、全国的な規模で民族の独立を叫びながら展開した歴史的抵抗運動である一九一九年三月一日の「独立運動」、そして、日本人学生の朝鮮人女子学生に対するいやがらせに端を発した一九二九年一一月から一九三〇年三月までに続いた「光州《クワンジュ》学生運動」など枚挙にいとまがない。こうした植民地支配に抵抗し民族独立のための闘争の経験は、解放・独立後の独裁政権打倒と民主化を求めて闘い続けた運動と闘争を支えることになる。このことは、後に見る「四・一九学生革命」をはじめ多くの民主化闘争が「三・一独立運動」の基本精神にその正当性を求め続けてきていることからもわかる。

2　南北の分断と戦争による社会発展の阻害

終戦を目前にして連合国側から日本帝国との戦争に参加し、戦勝国の立場で戦後処理にも加担するソ連と太平洋戦争の主要な役割を果たした米国が、それぞれ朝鮮半島の北と南に進駐し、北緯三八度線を境界に日本帝国軍の降伏相手が決まることになる。つまり、三八度線以北に駐留する日本軍はソ連に、以南に駐留する日本帝国軍は米軍に降伏するという日本軍の降伏を進める手続きとしての境界線が、その後の五〇年以上の歳月を過ぎた今日まで、植民地支配から解放された民族を南北に分断し殺し合う悲劇をも経験させることになる。

まず、日本の敗戦に伴って植民地支配から解放された朝鮮半島は、米ソ両国と日本との間における降伏手続きのため暫定的に設けられた南北分断境界を撤廃し、統一国家を達成する難題に逢着する。一九四五年八月一五日、日本帝国の無条件降伏により、三五年間にわたって朝鮮半島の統治機構として君臨した朝鮮総督府の機能が停止するが、この統治権を引き継ぐ自主的民族機構が確立できないまま、一九四五年九月に進駐した米軍による統治を迎える。そして、統一国家実現を協議するために設けられた米ソ共同委員会の運営および一九四五年一二月モスコにおいて開かれた米英ソ三国の外相会議の決定、とりわけ朝鮮半島を国連の国際信託統治の下に置くとする提案をめぐって、民族内の各党派間の対立が激化した。共産党系と民族派が信託統治に賛成し、右派もしくは自由主義を標榜する党派が反対を主張するなかで、米軍政は、一九四七年二月には、民族出身の民政長官を任命して、「南朝鮮過渡政府」を設置する一方、朝鮮半島問題を国際連合の決定に委ねた。そして、国際監視下の南北統一選挙の実施を内容とする国連総会の決議を北朝鮮が拒否すると、一九四八年五月一〇日に南だけの総選挙を国連監視の下に実施し国会議員を選出した。同年七月一七日には「大韓民国憲法」が制定され、この憲法にもとづき初代の大統領として米国帰りの李承晩《リスンマン》氏が国会によって選ばれ、八月一五日は大韓民国とその政府樹立が宣布された。これに対抗するように、同年九月には「朝鮮民主主義人民共和国」が金日成《キムイルソン》氏を首相とする政府により発足し、南北の分断が決定的になる(張君三『南北分断の真相—その歴史的検証』東渡叢書、一九九一年、参照)。

こうした南北に分断された政府が樹立する過程においては、南の単独選挙実施と政府樹立に反対する民族系と左派系の主導する民衆蜂起、たとえば一九四八年四月三日に発生し多数の犠牲者を出した済州島の「四・三事件」は今日に至っても深い傷は癒えていない。

次に、以上見たように解放の喜びも束の間、大国の論理と、民族よりもイデオロギーを優先させる政治集団間の対立により、民族統一国家ではなく、南と北に分断された二つの国家として歩み始めた朝鮮半島は、一九五〇年六月二五日南北間の武力紛争へと突入する。一九九〇年代に始まる冷戦体制の崩壊に伴って、この武力紛争すなわち朝鮮戦争をめぐる歴史的事実関係が明らかにされつつあるが、その発生と背景の真実はともかく、一九五三年七月二七日休戦が成立するまでの三七カ月間、米国主導の国連軍と中国軍の介入をも招来し、損失した人命だけでも二〇〇万または三〇〇万を数えるといわれる。この戦争に対する評価は、各々の立場によって異なるが、本章では次の三点だけを確認しておくことにする（萩原遼『朝鮮戦争』文春文庫、一九九七年、参照）。

その第一点は、同一民族内部の殺戮を行った同族いや身内もしくは血族間の殺し合いであったということである。つまり、南北に政治体制を異にする分断政府の樹立に伴って離散した家族、あるいは戦乱を避けるために離散した家族の親子もしくは兄弟同士でさえ南北に分かれて銃剣を向け合う悲劇の修羅場と化してしまった。そして第二点は、第二次大戦後の国際政治を支配した冷戦体制の下でアジア諸国において繰り返した、いわゆる超大国の「代理戦争（proxywar）」として行われた最初のケースであったということである。さらに第三点は、朝鮮半島を二度にわたって縦断した戦乱により、きわめて脆弱かつ限定的な植民地時代の産業が完全に崩壊してしまったことである。このように南北間の武力紛争は、人々の生命と身体および社会を破壊し尽くしてしまっただけでなく、ほとんどの人々が直接または間接に参加し被害を受けたことから、同じ民族としての愛情とか親近感よりも、自己と異なるイデオロギーの共産主義に対する憎悪と敵対感情を韓国の大多数の人々に植えつけることになる。こうした「反共」の思想もしくは感情は、冷戦の論理と「勝共」の論理が人権と民主主義運動の抑圧を正当化する役割を果たすことになる。

3　人権・民主主義に優先した冷戦の論理

第二次大戦中に共同の敵と闘った米ソの密月時代は戦争の終結とともに終わり、ソ連の世界革命戦略と米国の自由主義防衛という相対立する政治目的を基本内容とする「冷戦(coldwar)」により、戦後の非植民地化の潮流のなかで植民地から独立を達成し、政治的経済的発展を模索する新興独立国は、当該国人民の意思と願望よりも大国の世界戦略によって左右されてきたことは周知のとおりである。とりわけ、人権と民主主義の指導的役割を自負する米国は、自国と同盟関係もしくは勢力圏内にある国家に対して、人権と民主主義よりも反共と親米をその外交政策の尺度にしてきた。このような米国の外交姿勢は、フィリピン、統一前の南ベトナム、インドネシアなどのアジア諸国の政治的民主主義の発展に否定的な役割を果たしてきたが、韓国もその例外ではなかった。

韓国の場合、すでに見たように、独立当初から大国とイデオロギーの論理で南北に分断して対立し、戦争まで交えて、大多数の韓国の人に共産主義を憎み米国を救国の友好国とする意識が、米国の反共優先外交を受け入れる素地を形成させていた。その結果、米国は、次章でみるカリスマ独裁とそれに続く軍事独裁の韓国政府と軍事同盟関係を維持し、政治的にそして経済的に支え続けてきた。そして、政治的自由と人権の保障を求める運動と戦いが容共もしくは利敵団体と烙印され、抑圧を受ける状況が黙認または容認されることになる。このような韓国の人権と民主主義を守るための闘いは、北朝鮮の「南朝鮮の革命」戦略がその抑圧を側面的に支えることにもなる。つまり、冷戦の論理が優先し共産主義政権と直接対時している韓国において、人権と民主主義のための活動と北朝鮮の対韓国戦略に従った共産主義活動との峻別がきわめて困難であり、反共を理由にする人権とりわけ政治的自由の弾圧を容易にしてきたといえる。そのため、韓国の人権と民主主義活動が維持・継続するためには、活動に携わる個人または団体が「反共の証し」を獲得することが、重要かつ必要な条件として求められた。前大統領の金泳三《キムヨンサム》氏と現大統領の金大中《キムデジュン》氏が何度となく国家保安法と反共法の容疑者として軍事政権から迫害を受けてきたことが、このことを裏づけるなによりの証拠である。

二　独裁政権と人権・民主主義闘争

韓国憲政史五〇年の間、民主的手続きによって選ばれた真の民主的政府が出現したのは一九九〇年代に入ってからであるといえる。つまり、一九四八年八月一五日発足した李承晩《リスンマン》政権は、一九六〇年四月一九日学生が主導する革命によって倒壊するまで反民主的独裁体制を維持し、一九六〇年四月に成立した民主的政府も一九六一年五月一六日の軍事クーデターによって崩壊した。クーデターの主役を果たした朴正熙《パクチョンヒ》氏による軍事独裁政権は、一九七九年一〇月二六日に暗殺されるまでの一八年間君臨する。さらに、朴正熙《パクチョンヒ》氏の急死による権力空白の間隙をぬって政権を横取りした全斗煥《チョンドゥファン》軍事独裁が後を継ぐことになる。そして、一九六七年一二月の選挙で軍服を脱いだ盧泰愚《ノテウ》将軍が大統領に選ばれ、一九九二年の選挙では金泳三《キムヨンサム》大統領が選ばれることにより、名実ともに民意にもとづく文民政権が登場し民主主義社会の道を歩み出す。一九四五年八月の建国から実に四四年が経過した後である。この四四年という歳月は、韓国の民衆にとって、「人権と民主主義」を確立するための闘いの歴史である。この間九回に及ぶ憲法改正が独裁政権と民衆の抗争を物語ってくれる。以下、かいつまんで、人権闘争の視点から検証してみたい(池明観『韓国民主化への道』岩波新書、一九九五年、および韓勝憲著・舘野晳訳『韓国の政治裁判』サイマル出版、一九九七年)。

1　カリスマ独裁と「四・一九学生革命」

すでに見たように、一九四八年八月一五日樹立した韓国政府を率いた大統領は李承晩氏である。彼は祖国が日本の植民地になると国外に脱出して独立運動に参加し、上海にできる大韓民国臨時政府の大統領として、米国を主な舞台に独立回復の外交を展開した。そのため、祖国解放後は「独立の父」として多数の国民から崇められ、そのカリスマ的権威を高める。こうしたカリスマ性は、植民地支配から解放・独立後の混乱する国民を統合する積極的機能を果たすことになるが、国民を愚民と看做し「専制君主」的な存在として独裁体制を維持することは、他の新興独立国にも同じ事例を数多く見ることができる。他国による自民族の支配・抑圧と闘った「独立の父」たちが、独立後には自己の民族もしくは国民を抑圧し支配するようになるのは、植民地の独立を法的に正当化し実定国際法上の権利として確立する自決権を、その一側面である「外的自決」を重視するあまり、「内的自決」すなわち政治的民主主義というもうひとつの側面に対する指導者たちの認識不足に基因するものと理解できる。

韓国の李承晩大統領と彼を取り巻く政治家たちは、彼のカリスマ性を自己の権力維持のために悪用して独裁政治への道を突き進んだ。この独裁体制は、前述の南北分断に伴う「反共」のイデオロギーに正当化の口実を求めることにもなる。つまり、政権樹立後二年も経過しない一九五〇年六月に始まる南北間の戦争は、避難先の釜山《プサン》で強行した憲法改正により国民直選により二代目の大統領の座に居座ることを可能にさせた。その後も、一九五四年一一月にはいわゆる「四捨五入改憲」といわれる賛成票捏造によって初代大統領の重任制限を撤廃し長期政権の法的装置を固め、一九五六年五月に第三代大統領に就任する。さらに一九六〇年三月には、四度目の大統領の座をめざして立候補し、野党候補の急死により当選を果たすが、副大統領選挙をめぐる不正行為が命取りとなる。

一九六〇年三月一五日に実施された正副大統領の選挙では、野党大統領候補の急死も手伝って、野党候補が絶対に優勢にあったため、与党副大統領候補である李起鵬《リキブン》は買収、脅迫、投票のすり替えなどあらん限りの不正行為を尽くして当選を勝ち取ろうとした。このような不正行為に対する国民の怒りと抗議は、選挙が終わらないうちから頂点に達し、投票当日馬山《マサン》で行われた抗議デモ隊は警察署を襲撃し八〇余名の死傷者が出た。これら死者のなかには、高等学校に入学したばかりの少年金朱列《キムジュヨル》が含まれており、海中に投げ込まれた彼の死体が四月一〇日に発見されたことが全国民の怒りをさらに拡大させ、小中高生と大学生を中心とする抗議運動を決起させた。そして「血の火曜日」といわれる四月一九日には、大学生を中心とする一〇万人を超える民衆がソウル中心街で抗議行動に参加し、政府庁舎、警察署などに放火し、大統領官邸に向けて行進したために、これを阻止しようとする警察隊と衝突した。こうした抗議行動は全国に拡大し、警察の無差別発砲により、一八六名の死亡者と六〇二六名の負傷者を出した。その後も、非常戒厳令の布告にもかかわらず民衆の抗議行動は続けられ、四月二五日の大学教授の集団的示威と四月二六日の一〇万人余の民主がソウルの中央政庁舎前を埋め尽くし、鎮圧のために出動した軍隊も民衆の行動に同調したこともあずかって、李承晩《リスンマン》大統領は辞任し、不正選挙の張本人である李起鵬《リキブン》一家は自殺した。一二年に及ぶ李承晩独裁政治が学生を中心とする民衆の闘争によって終息した。この「四・一九革命」は、民衆の力で独裁政治を終わらせた韓国の民主化闘争の序章を飾るものであり、その後の民主化闘争を精神的もしくは理念的に支え続けた。

2　軍事独裁と「ハンガンの奇跡」

李承晩独裁政権崩壊時、外相の許政《ホジョン》が大統領代理に就任した暫定政府の下で憲法改正と不正選挙加担者の処罰が行われた。この憲法改正は、内閣責任制と両院制の導入など、一〇三条のうち五二条を改める大幅な改正であり、革命憲法といえるものであった。そして一九六〇年七月二九日には、新憲法の下で上・下両院の国会議員選挙が行われ、新国会で選ばれた尹普善《ユンボソン》大統領が張勉《チャンミョン》氏を国務総理に任命し、新政府の下、韓国の政治は安定と民主化の方に向けて歩み始めると思われた。しかし、政治家は離合集散と対立を繰り返し、「四・一九革命」に参加した学生と民衆を失望させ、ソウルでは毎日のようにさまざまな要求を掲げたデモが繰り広げられ、社会的不安が日ごとに高まった。新しい政権は、国民の要求にも応えられず、社会的秩序を維持する能力も持ち合わさない状況のなかで、北朝鮮学生との直接的対話で南北統一を進めようとする学生とこれに同調する政党の動きが、「四・一九革命」一周年記念日が近づくにつれ活発化した。

若い学生と多数の民衆の力で勝ち取った「民主的政府」は、「四・一九革命」の理念を具体的政治に実現できず、南北統一政策を主導的に進める能力もなく、政権の受け皿を用意できない学生と一般大衆による革命の弱点を露呈し、国民のなかには強力な指導力を求める声が高くなっていった。そして、一九六一年五月一六日、朴正熙《パクチョンヒ》とその他数人の将軍が率いる陸軍部隊によるクーデターが発生し、「四・一九革命」の結果成立した新しい政権はわずか一〇カ月足らずで崩壊した。これが「五・一六軍事クーデター」であり、その後三二年間の長期にわたって維持する軍事政権の始まりとなる。

クーデター軍事政権は革命公約として、①反共体制の再整備、②政治腐敗の一掃、③民生苦の解決と自主経済体制の完成、④反共実力の養成による国土統一の実現を掲げ、これらの課題が成就すれば軍人としての本来の任務に復帰し民政移管を行うことを表明している。これらの公約は、その後進められた二つの路線、すなわち、一方においては経済的高度成長を追求し、他方では反共体制の強化を理由とする人権と基本的自由の制約である。経済的高度成長は、毎年四月から五月にかけて繰り返される絶糧による飢餓に象徴される貧困から、庶民とりわけ農民を解放する歴史的課題であったことは否定できない。また、政治的腐敗の一掃は、既存の保守政治家に対する一般大衆の不信感を捉えたものであり、反共体制の強化も進歩的もしくは過激的な南北統一推進勢力に歯止めをかける必要があるとする一般市民の考えに沿うものであったことも事実である。このように軍事政権が掲げた公約は、にわか作りの政策であるが、当時の一般庶民の考えを反映したものであったといえる。軍事政権のこうした政策目標は、当時の軍部を支配した多数の将校が貧農出身であり、生命と身体を賭して北朝鮮軍と戦った経験と自尊心の持ち主であるため、政治的エリートに対する不信もしくは、反感さえ抱いていたことを知ることなしに理解できない(朴正煕の演説集である申範植編『祖国の近代化―朴正煕大統領の政治路線』東亜出版社、一九六五年、参照)。

そして、一九七九年一〇月朴正煕大統領が射殺されるまでの一八年間推し進めた経済成長は、日韓会談の強行決着とベトナム派兵そして中東アラブ諸国への労働者派遣など経済外的手段による外貨稼ぎ、財閥育成と自由貿易地帯の設置などによる輸出主導型の経済政策により、いわゆる「ハンガンの奇跡」を実現させたのである(韓国経済に関する優れた分析として、滝沢秀樹『韓国の経済発展と社会』お茶の水書房、一九九二年、および深川由紀子『韓国・先進国経済論』日本経済新聞、一九九七年、参照)。しかし、こうした高度成長は、労働者の基本権を抑圧し、富の集中による貧富の格差と社会的不公平を増大させ、政治的自由を含む基本的人権の抑圧を伴った、いわゆる「開発独裁」によって支えられてきたことは誰もが知る事実である。そして、朴政権を支えたもうひとつの政策は農村の改革であった。これは、農地の区画整理、家屋と生活様式の改善と農業の機械化など、農村革命ともいえる「セマウル(新しい村)運動」の推進であった。そして、経済成長に伴い農村の若い労働者が都市労働者へと進出し、農産物の生産を牧畜と果樹園など多様化を促進して農家の現金収入が増大し、伝統的な食糧難を完全に解決した。これは軍事政権がその初期に達成した成果であり、韓国農村のなかでももっとも貧しい農村であった筆者の出身地（忠清北道永同）を見た実感でもある（韓国の農村問題については、張宝仁・趙鳳彬『工業化と農業・農村問題』、『韓国経済の分析』日本評論社、一九八八年、参照）。

このように、朴政権はその執政一八年の間に、工業化の推進と農村の改革により、大多数の人々を貧困から解放し、経済的発展途上国の国から中進国の地位にまで押し上げ、他の発展途上国からは発展のモデルとさえ評価された。しかし、その一方では、政治的自由と思想・表現および結社と集会の自由などの基本的人権の抑圧により政権を維持しようとした。そして、既存の国家保安法を強化・改悪しては、「反国家団体」への加入と活動を取り締まるために「反共法」（一九六一年七月三日）と再犯予防を目的とする保安処分を合法化した「社会安全法」（一九七五年九月一六日）を制定した。また、これらの法律を執行する機関として、人権弾圧と情報政治の中枢として国内外で悪名を高めた「中央情報部（ＫＣＩＡ）」をクーデター直後に設立した（金圭昇『韓国の治安立法と裁判・検察制度』社会評論社、一九八六年、参照）。さらに、大統領緊急措置を頻繁に公布し、戒厳令、衛戍令そして緊急事態宣言などによって、学生と市民団体による民主化要求の発言と行動を封じ込んだ。とくに一九七二年一〇月一七日には、国会の解散、大学の閉鎖、報道内容の事前検閲を内容とする「特別宣言」を発表し、国会に代わる統一主体国民会議を設置し、朴正熙《パクチョンヒ》を第八代大統領に選出させた、いわゆる「維新憲法」と「維新体制」は民主主義を根底から踏みにじるものであり、朴政権の独裁体制はその頂点に達した。こうした朴政権の行動は、経済的高度成長による民生苦のためには人権の制約を伴う韓国独自の民主主義が必要であるとする脆弁、つまり「開発独裁」

が必要悪であるとする論理で正当化できるものではなかった。いいかえると、前述の高度成長と農村改革による貧困からの解放という成果をもってしても、民主主義を根底から覆し基本的人権の抑圧による独裁政権の維持は容認できるものでなく、経済開発もしくは社会発展は人権の尊重と民主主義の発展を目的とすべきであるという基本理念を忘却した権力への執着でしかなかった。

3　民主化闘争と文民政権の樹立

以上かいつまんで見たように、独裁体制を維持するために手段と方法を選ばない朴政権の人権抑圧に対し、学生、キリスト教牧師そして文化人たちの抵抗は、中断することなく続いた。とりわけ、一九七四年の一連の緊急措置による反政府の言論と集会の弾圧に対して、「全国民青年学生同盟」の名儀で「民衆・民族・民主宣言」、「知識人・言論人・宗教人へのアピール」と「決議文」が一九七四年四月三日に発表され、朴政権打倒のために民衆連合を形成して闘うことを呼びかけた。これに対し、朴政権とＫＣＩＡは、共産主義者による革命行為であると決めつけ、関係者を多数逮捕して軍法会議にかけ、死刑、無期懲役そして一五年以上の長期刑を宣告する暴挙に出た。これは「民青学連事件」と知られる民主化闘争の一頁を飾る出来事である。その後も学生と文化人、宗教人の反政府・民主化闘争は続くが、なかでも一九七六年三月一日「三・一独立運動」記念日に、尹普善《ユンボソン》前大統領、金大中《キムデジュン》氏と民族の良心として人々から尊敬された咸錫憲《ハムソクホン》など宗教人と文化人代表一七人は、「民主救国宣言」を発表し、緊急措置の撤廃、民主人士と学生の釈放さらに民主政治の回復を要求した。そして、一九七八年一二月一二日実施された総選挙の得票率における野党勝利に勢いづいた民主化闘争の拡大により、朴政権の終焉は間近になった様相を呈した。一九七九年一〇月にはプサン（釜山）での大学生によるデモと中心街の占拠が近隣都市の馬山《マサン》に波及した。朴政権は、非常戒厳令と軍事力で弾圧し、学生と市民多数を連行して軍法会議にかけ処罰した。この「釜馬《ブマ》事態」といわれる反政府闘争から一〇日後、朴正熙は、自らの意思による辞任でなく、彼がもっとも信頼したはずの中央情報部長であった金載圭《キムジェキュ》により酒宴の席上で射殺され、長年居座った政権の座を手放すこととなった。暗殺か国外逃亡かという独裁者の末路を、朴正熙も避けられなかったのである。

朴正熙の射殺によって一八年間も君臨した独裁政権は崩壊したが、民主的政権の樹立へと発展するまでにはもう一つの厳しい闘争と大きな犠牲を必要とした。この過程は、民主的手続きに依拠した政権の交替がいかに重要かつ必要であるかを知る貴重な教訓であるともいえるものであった。朴大統領の死が伝わるとともに戒厳令が布告され、当時陸軍保安司令官であった全斗煥《チョンドゥファン》が合同捜査本部長になり、射殺犯金載圭《キムジェキュ》を逮捕し、非公開裁判で死刑を宣告し処刑した。他方、独裁政権の打倒と民主化のために闘ってきた学生と市民は、朴大統領の死を民主化達成の好機と捉え、野党の指導者であった金大中《キムデジュン》氏を中心に民主化を求める行動と集会を展開して「ソウルの春」を迎えた。こうした市民と学生の行動に対し、陸軍保安司令官と中央情報部長という権力中枢の座についた全斗煥は、民主化運動が北朝鮮の工作員による陰謀であるとデッチ上げ、一九八〇年五月一七日再び戒厳令を宣布し、多数の反政府指導者とその支持者を逮捕した。このなかには、次期大統領に選ばれた金大中氏も含まれ、五月一八日の「光州《クワンジュ》民衆抗争事件」との関連で、内乱陰謀罪のかどで死刑を宣告された。この「光州民衆抗争」は、金大中氏出身地域である全羅道光州の民衆の抗議行動に対し、空挺部隊を投入し銃剣による残虐な鎮圧行動により多数の市民を殺害し傷つけ、血塗られた民主化闘争として国内外から批判・注目され、一九八〇年代の民主化闘争を支える精神的基調となる。つまり、朴大統領の死後、民衆抗争を軍事力で弾圧し憲法の改悪によって大統領の座に居座る全斗煥は、同じ陸軍将校出身の盧泰愚《ノテウ》をその後継者と選び政権の移譲を企むが、民主化要求の高まりとソウル・オリンピック開催を目前にした国際社会の圧力に耐え切れず、一九八七年六月二九日、民主化と大統領直選制を内容とする「民主化宣言」が、盧泰愚によって行われた。そして、一九八九年一二月の総選挙では軍出身の盧泰愚が大統領に選ばれ、民主化への道を歩み始めることになる。

一九四八年八月一五日に李承晩《リスンマン》政権発足後四〇年という歳月が過ぎてから、ようやく民主主義社会への発展が可能になったのである。あまりにも長い闘争の歴史であり、あまりにも多数の犠牲を強いられた四〇年間であった。今後の民主主義発展の道程も決して順風満帆ということにはならず、南北の対立・分断という火薬庫が、民主主義発展を脅かし続けることも間違いない。

三　国際人権条約の受容と人権状況の改善

経済的高度成長と反共を存在理由もしくは口実とする開発独裁政権に反対し政治的民主主義を確立するための三〇年にも及ぶ長期間の闘争により、ようやく勝ち取った韓国の民主主義は、一九九〇年代に入って国内に受容した主要人権条約とりわけ国際人権規約の実施過程で、その真価が国際的にも問われることになる。韓国は、独裁体制の下では、ジェノサイド条約(一九五二年)、人身売買と買春からの搾取禁止に関する条約(一九六二年)そして人種差別撤廃条約(一九七九年)と女子差別撤廃条約(一九八四年)など、人道の確保と差別撤廃に関する条約には、比較的早い時期に締約国になっている。しかし、政治的民主主義と社会的平等の実現にとって重要かつ基本的な条約である国際人権規約のA・B両規約に加入し締約国になるのは、一九九〇年四月になってからである。つまり、一九九〇年代に入ってから歩み始めた韓国の民主主義と人権保障に関連する国内法制、たとえば憲法違反の人権侵害を審査する憲法裁判所の国内検証だけでなく規約人権委員会に提出される実施報告の審査によってもその妥当性が問われることになる(『弁護士が語る金泳三政権下の人権状況』在日韓国民主人権協議会発行、参照)。こうした人権条約の実施過程は、政府による実施報告の作成と審査そして国内のNGOもしくは人権運動体によって作成・提出されるカウンター・レポートの作成過程で、人権規約が締約国に義務づけた条約規定に違反する立法、行政または司法など国内法制全般について検証されることになることは周知のとおりである。そのため、経済的発展の過程で犠牲になった人権の享受が、政治的民主化の歩みのなかでどの程度までに改善もしくは保障されているかを確かめる格好のプロセスである。本章では、国際人権規約のA・B両規約の実施に伴ってクローズ・アップされたいくつかの人権問題に限って紹介することにする。それらは、一つは、本章の冒頭に触れた社会発展と人権の伸長を阻害する要因のひとつである南北分断に基因するもので、国家保安法と反共法などによる思想・表現の自由と生命身体の自由など基本的自由と人権が脅かされ続けている問題である。その二つは、経済的高度成長過程において犠牲と我慢を強いられた労働者の権利であり、その三つは、儒教的伝統と習慣に根づいた男尊女卑の思想によって、家庭・社会そして法制度において差別され続けている女性の権利に関する問題である。

1　反共・国家安全立法と自由権の制約

韓国の政治的民主化に伴い、人権と基本的自由の保障が随分と改善されたことは否定できない。しかし、南北の分断と対立という朝鮮半島の厳しい政治状況は、南北の対話と交流が一時的に進展するものの、基本的には変化していない。そのため、北朝鮮の直接または間接的行為による韓国の安全と秩序の破壊を防止するために、「国家の安全を危うくする反国家活動を規制し、よって国家の安全と国民の生存および自由を確保することを目的とする」国家保安法は、若干の修正はされるが、今日においても温存されている。そしてこの法律の適用による基本的自由の制約が、「市民的政治的権利に関する国際規約」すなわちB規約が保障する多くの自由権を侵害しているとする主張と指摘が、韓国政府の実施報告の審査過程で、ＮＧＯのカウンターレポートだけでなく、規約委員会の委員によっても行われている。これらを詳細に触れることは、紙幅の関係もありできないが、いくつかの主要な問題に絞って紹介する。

この国家保安法は、韓国政府が発足した直後の一九四八年一二月一日、北朝鮮の対韓国政策に同調して行う反国家活動つまり共産主義の思想と行動を取り締まることを目的として制定公布された。しかし、その具体適用では、独裁体制に反対し民主化を求める運動を弾圧する道具となり、国民の生命と生活を脅かし人権と民主主義を根底から否定する悪法として作用してきた。こうした国家保安法の本質は、民主化と文民政府の発足後もほとんど変わっていないことが、ＮＧＯと規約委員会の委員たちによって指摘された。それは、この法律が規制と処罰の対象にしている「反国家団体」と「反国家活動」さらには「国家機密」などは、非常に曖昧かつ包括的内容の犯罪類型であるために、国家権力とりわけ国家保安法の執行機関である国家安全企画部(以前のＫＣＩＡ)による司法権の悪用または乱用による不当な逮捕と拘束の危険性がＢ規約委員会の委員たちによって指摘された。そしてさらに「国家の存立・安全または自由民主的基本秩序を危うくする情を知りながら、反国家団体もしくはその構成員」から、金品を受け取ったり、その活動を鼓舞・宣伝し、かつ、そのために文書・図書の所持など広範囲に及ぶ行為を処罰の対象とし、表現の自由、結社の自由と思想・信条の自由など、Ｂ規約が保障する基本的自由が侵害される危険性も指摘された。また、国家保安法違反の嫌疑で逮捕・拘禁された者の取扱いは、通常の被疑者に適用される適正手続きが否定され、たとえば接見の権利の否定、警察・検事勾留期間の不当な延長などが指摘された。

Ｂ規約委員会は、韓国政府の報告を審議した後、南北の対立と北朝鮮の軍事的挑発など国家安全の維持を脅かす状況に対しては理解を示しつつ、刑法の適用による国家安全維持は可能であり国家保安法の存在理由については疑問を表明し、国家安全企画部の強圧的捜査権、国家保安法違反の既犯者の再教育、国家機密との関連でスパイ罪適用と死刑適用の犯罪が多いことを指摘し、Ｂ規約が保障する権利の国内保障の確保を強く求める提言を採択している。また、韓国はＢ規約の選択議定書に加入しているために、規約違反の人権侵害と主張する具体的問題がＢ規約委員会に通報され、委員会が受理した後に被疑者が釈放されることになり、選択議定書による人権救済の効果が現れ始めている。

2　労働者の権利と国際人権基準

韓国の経済的高度成長を可能ならしめた最大の要因は、国家権力の主導と保護による財閥の成長と、労働運動の抑圧による労働者の基本権制約と低賃金の強制であるといえる。つまり、「ハンガンの奇跡」は労働者の権利と生活をスケープ・ゴートにすることによって達成できたといっても過言ではない。

一九六一年に始まる軍事独裁政権が終焉し、一九八七年の民主化宣言までの四半世紀の間は、労働基準法と労働組合法など、労働者の基本権と労働条件を保障する法制は存在するが、輸出至上主義と外国の資本と企業の誘致という経済目的達成のために、労働者の基本権は抑制を強いられた。とくに、労働運動に国家保安法または反共法を適用しては反国家運動または利敵行為として弾圧した。労働者の基本権保障にとっても、南北分断は大きな阻害要因として作用したのである。

一九八七年に始まる民主化は、基本的人権の保障と労働者の団結権、団体交渉権および団体行動権を保障した新憲法規定(三三条)にもとづく労働関係法の改正によって、韓国労働者はその基本的権利を享有し、労働条件の改善と正当な賃金の獲得を目指した労働運動が盛んになる。一九八八年から一九九〇年までの労働組合の組織率は一七～一八%に達し、労働争議も一九八七年から一九八九年の三年間だけで一、〇〇〇件を超えることになる。その後、労働組合の組織率、労働争議ともに下降線を辿ることになるが、公務員、教員および軍需産業の労働者は、労働組合の結成または労働争議に関する権利を制約され、とりわけ労働組合活動に対する第三者の介入および、労働組合の政治活動を禁止するなど、労働組合活動の制限が、その後も維持された。そして、これらの問題も、国際人権規約のA・B両規約の実施に関する韓国政府報告の審議と個人通報に関するB規約の選択議定書にもとづく通報手続きによってその解決が試みられている。

まず、第三者介入禁止（労働組合法一二条の二）に関連しては、一九九一年二月に韓国三大財閥の一つである大宇《テーウ》グループ系列の大宇造船の労働組合争議を支援した大企業労組連帯会議のメンバーが、第三者介入禁止条項違反の嫌疑で拘束された。その中の一人は、一審で有罪判決を受け、控訴審そして上告審においても棄却され有罪が確定された。そのため、被告人とその代理人は、B規約の選択議定書にもとづいて、支援声明書を作成・配布した行為を「第三者介入禁止条項」に違反したとして処罰することはB規約が保障する表現の自由を侵害するとして、B規約委員会に通報し受理され、通報者の主張が認められ韓国政府に是正の勧告を行った。

そして次に、公務員、国立・公立だけでなく私立の学校を含むすべての教員の組合結成と防衛産業に従事する労働者の争議権禁止については、B規約が保障する結社の権利とA規約が保障する労働者の基本的権利に関する規定に抵触するものと指摘され、とくにA規約委員会は、労働組合法およびその他の関連法の改正を勧告している。さらに、A規約委員会は、上記の問題に加えて、従業員が一〇人以下の零細企業の安全基準や最低賃金など労働基準が適用されていないことを指摘しその改善措置を要求し、外国人労働者に対する差別的処遇の是正を勧告している。

以上かいつまんで見たように、政治的民主化と文民政府の確立によって、労働者の基本権は随分と改善されたが、国際人権基準の国内的受容と実施により、その不十分性と是正の必要性が国際社会から求められるようになった。そして、一九九二年にはＩＬＯの加盟国となり労働者の権利保障に積極的姿勢も見せるが、公務員および教員に対する組合結成と組合活動の禁止は今日に至っても是正されないままである。ただ、一九九七年末の選挙で当選した金大中《キムデジュン》大統領の率いる政権は、労働者の団結権を保障しているＩＬＯ八七号および八八号条約を批准し、教員と公務員の労働組合結成を認めるなど、労働分野の改革が行われるものと報道されており、その是正が期待されている。

3　女性の差別撤廃と地位向上

韓国の女性は、男尊女卑もしくは男性優位を支える儒教の思想と伝統により、歴史的にそして戦後においても、その人間の尊厳と基本的人権そして社会参加が否定され続けてきた。しかし、女性自身の根強い運動と政治的民主化、そして国際人権基準とりわけ国際人権規約と並んで女子差別撤廃条約の受容によって、法制上の差別撤廃と人権保障および社会参加が是正されてきた。以下かいつまんで触れてみることにする。

まず、女性の地位に関する韓国の憲法規定は、非差別・平等の原則を定める第一一条が「すべて国民は法の前に平等であり、性別、宗教または社会的身分によって、政治的、経済的、社会的、文化的生活のあらゆる領域において差別されない」と謳って、性にもとづく差別を禁止している。また、働く権利に関する憲法規定(三二条)は、「女子の労働は特別の保護を受け、雇用、賃金および労働条件において不当な差別を受けない」と定め、雇用と労働条件における女性差別を禁止している。さらに、「婚姻と家庭生活は人の尊厳と両性の平等を基礎に成立し維持されなければならず、国家はこれを保障する」(憲法三六条一項)と謳って、婚姻と家庭生活における女性差別を否定し、母性保護のために国家が努力することを義務づけている(同条二項)。

男女の平等と女性差別の禁止を定めたこうした憲法規定を具現するために、新憲法の下でさまざまな措置がとられた。とりわけ雇用分野と家庭生活における女性差別撤廃と男女平等を達成するために、既存法の改正と新しい立法措置がとられた。

まず、労働基準法は男女間の差別待遇を禁止し(同法第五条)、雇用における男女の平等な機会および待遇の保障と母性の保護ならびに職業能力の開発により、働く女性の地位向上と福祉増進に資することを目的とする「男女雇用平等法」(一九八七年一二月)と同法施行令(一九八八年七月)が制定された。そして、「事業主は労働者の募集および、採用において、女性に対し男性と平等な機会を与えなければならない」(同法六条)とし、この規定に違反したときは二五〇万ウォン以下の罰金に処せられると規定している(同法二三条)。しかし、こうした立法措置にもかかわらず、B規約実施に関する韓国政府報告に対するNGOのカウンター・レポートによると、一九九〇年七月の時点で男性だけを募集している事業所が二九・六%もあり、職種によって性別の採用を行っている事業所は五三・五%にものぼると指摘されている。また、女性に対する差別的賃金と正社員として採用される条件が男性に較べ不利であるなど、雇用平等法に抵触する差別事象が多いことと、その原因のひとつに、同法の罰則規定が適用されることがきわめて稀であることも指摘されている。さらに、一九九〇年代になって女性の雇用が増加してはいるが、単純労働、臨時雇用もしくは日雇用が大多数を占めており、女性の社会的地位向上にただちに結びついているとはいえないといわれる。

次に、儒教的伝統と深くつながっている婚姻法と家族法ならびに国籍法における女性差別が撤廃され、家庭における男女平等が実現する法制も整備された。まず、家族法においては、女性も戸主となり家督を相続する権利を認め、親族関係を母親もしくは妻の血族に拡大し、非嫡出子の入籍は妻の同意が必要と認めた。さらに、改正家族法は、母親にも子どもに対する親権を認め、婚姻を解消する場合は、子どもの養育責任について協議する義務と財産の分与についても、女性の権利が強化された。また、国籍法における女性差別に関連して、韓国の男性と結婚した外国人女性の国籍および韓国に帰化した男性の妻は、当該女性の意思に関係なく韓国の国籍を取得することは女性に対する差別であることがB規約委員会によって指摘され、その是正措置がとられる旨の韓国政府代表の言及があった。そして次に、韓国の国籍法が採用している父系血統主義つまり父が韓国人である場合にのみ子どもに韓国籍を付与することは、明らかに女性差別であり、その是正が求められたが、一九九七年には、国籍法改正により父母両系主義の導入により、母親だけが韓国人である場合も子どもに韓国国籍が付与されることが決定された。

以上見たように、政治的民主化の過程における女性差別撤廃と男女平等の実現を求める運動により、雇用の分野と家族生活において法制上の是正措置がとられた結果、男性優位と経済発展を至上命題とする既存の価値観から、女性の人権と参加を尊重する価値観に基礎を置く社会発展の可能性が、少なくとも法制上は見えてきた。しかし、他方においては、男性優位の伝統と文化に基因する差別と暴力が家庭と社会にはびこっていることが社会権規約の実施報告のなかでも明らかにされ、その是正がA規約委員会によっても求められた。そしてさらに、一九九七年秋に始まった経済的破綻による中小企業の相次ぐ倒産は、女性の雇用機会を奪うことになり、男女雇用平等法の目的達成はさらに遠のいてしまったといわざるをえない。

2 韓国における社会権の位相と課題

一 韓国の民主化・人権闘争と社会権

一九四五年八月一五日、連合国に対する日本帝国の無条件降伏によるアジア・太平洋戦争の終結は、朝鮮半島に対する日本の植民地支配を終焉させることになる。その結果、一九一〇年から三五年間も続いた日本の植民地統治から朝鮮半島の人々は解放され、自国の独立を回復し国家再生への喜びと期待に満ちあふれた。ところが、日本軍の降伏手続のために北緯三八度線に設けられた暫定的な南北分離線は、朝鮮半島を国連の信託統治地域とする提案に対する賛成・反対の意見対立と統一方式を話し合うために設けられた「米ソ共同委員会」の決裂により、統一問題は国連の審議と決定に委ねられた。そして、国連監視の下に南北統一選挙を実施するとする国連総会の決議を北朝鮮とソヴィエトが拒否したために、朝鮮半島の南部すなわち韓国だけが国連監視の下で国会議院選挙が一九四八年五月一〇日に実施され、憲法の制定と大統領の選出がこの国会で行われて、同年八月一五日に「大韓民国」が成立した。こうした南部だけの選挙と政府樹立に対抗して、北部においても同年九月に「朝鮮民主主義人民共和国」が成立することになり、統一国家の成立を願う人々の期待に反して、南北に分断し対立する二つの政府が成立した。

そして、一九四七年の「トルーマン宣言」に端を発して、半世紀にわたって国際社会を支配した、いわゆる冷戦の論理すなわち米ソ対立を主軸とする大国間のパワーゲームに巻き込まれて朝鮮半島の南北政府も対立と争いを繰り返してきた。とくに、一九五〇年六月から一九五三年七月までの三カ年にわたって朝鮮半島を二度も縦断した南北間の戦乱は、民族内部の争いにとどまらず、米軍主導の「国連軍」と中国軍の介入により国際戦争へと拡大し、東北アジアの冷戦体制を確立させてしまう。このように、植民地支配から解放された朝鮮半島とその人々は、その意思と願望に反して南北に分断された国家の成立とその対立、そして民族同士の殺し合いまでも余儀なくされた。その結果、冷戦構造に組み込まれた朝鮮半島は、政治的民主主義と人権尊重の確立を阻害され、国際政治における勢力の拡大・維持を最優先の利益とする米ソ両大国によって支えられた権威主義的独裁と軍事独裁の出現と維持をも可能にした。つまり、日本軍国主義の支配に抵抗し民族の解放と独立のために身命を賭して闘った独立運動の指導者が、南と北の政治権力を掌握し、人々の尊敬と信頼によって形成された高いカリスマ性を保持した。ところが、他の発展途上国の多くに見られるように、独立闘争の過程でカリスマ性を保持するようになった指導者が、独立後の国家権力を掌握し独裁者に変身するという不幸な経験をすることになる。とくに韓国の初代大統領になった李承晩《リスンマン》は、南北の対立と戦争に基因する困難と北朝鮮による赤化統一の防止という冷戦の論理に基づく米国の支持を利用して、独裁体制と権力の座を維持するために、民主主義と人権の確立を否定する数々の手段と方法を悪用した。そして、他の独裁者の歴史が教えるように、不正選挙に対する抗議に端を発した高等学校と大学の学生を中心とする反政府運動が、李承晩独裁政権を倒壊させる革命に発展し、一九六〇年四月一九日、李承晩は政権の座を追われ米国への亡命を余儀なくされたことは、本章の**1**で触れたとおりである。

こうした学生を中心とする若者の闘いによって結実した民主革命による政治的民主主義の発展に対する期待が国民の間に高まり、さまざまな変革が試みられたものの、大小さまざまな政治勢力の台頭と対立が社会的混乱を惹起させた。その結果、独裁政権の倒壊が政治的民主主義の発展には直結せず、一年後の一九六一年五月一六日には、朴正熙《パクチョンヒ》少将が率いる陸軍将校たちが起こしたクーデターにより、民主主義の芽は再び摘み取られた。つまり、政治腐敗の一掃と自主経済の完成そして民生苦の解決、さらに反共体制の整備などを主な対国民公約に掲げた軍事政権は、民主化＝反政府運動が北朝鮮を利する共産主義者の運動と熔印し厳しく弾圧する一方、経済的高度成長と農村の改革を主要内容とする近代化を強力に推し進めた。つまり、上記の「四・一九学生革命」が勝ち取ったかに見えた政治的民主主義と人権は、軍事政権の誕生により再び奪い取られ、その後の人権運動は政治的民主主義と自由権の確立を内容とし、かつ目標とすることになる。いいかえると、約半世紀にわたる韓国の民主化・人権運動は、言論、表現そして集会の自由の保障など政治的民主主義の確立を優先課題とし、植民地時代から大多数の民衆とりわけ農村の人々を苦しめた貧困からの自由を課題にすることはなかった。韓国の農村は、植民地支配の下ではいうに及ばず、解放後も、貧困と飢餓に襲われ続け、「春窮期」すなわち五月から六月にかけて、麦の収穫まで喰いつなぐことができず、飢餓寸前に追い込まれる状況が繰り返された。こうした農村もしくは貧民層の状況はまさに、社会権規約が保障する人権の享有に関する問題であり、今日の国際社会が取り組んでいる貧困問題、そしてベーシック・ニーズ(basic needs)確保の問題である。ところが政争に明け暮れる既存の政治集団だけでなく、政治的自由と民主主義のために命を賭して闘う進歩的もしくは革命的勢力によっても、大多数の農民と都市の貧民層を飢餓から解放することを闘争の直接目標とすることはなかった(池明観『韓国民主化への道』岩波新書、一九九五年、参照)。

いいかえると、貧困と飢餓の脅威から人々を解放したのは、カリスマ的独裁と軍事独裁と闘った民主化・人権の運動ではなく、農村の改革と経済的高度成長による工業化を権力主導で強力に進めた朴正煕軍事政権であったことは皮肉的であった。しかし、初期の韓国軍指導部は、他の発展途上国にも見られたように、貧農出身の若者が多く、伝統的な支配層とりわけ政治家に対する不信感が強いために、慢性的な飢餓状況から農村を解放する作業を自己の使命と認識し、クーデターによる権力掌握と社会改革に取り組んだのは当然の帰結であったともいえる。このことは、軍事政権が掲げた「政治腐敗」、「自主経済の完成」そして「民生苦の解決」が象徴的に物語ってくれる。そして、「セマウル運動」(新しい村起こし運動)と銘打った農村改革は、土地区画整理と家屋改造を含む果敢な変革による貧困からの解放をめざすものであった。そして、高速道路の建設と浦項《ポハン》製鉄所に象徴される社会インフラの整備を、日韓国交正常化、ベトナム派兵そして中東アラブ諸国への労働力輸出など、さまざまな国内外の批判を排し、強引ともいえる外貨獲得の政策によって推し進めた。その結果、一九八〇年代には、「ハンガンの奇跡」ともいわれるまでの急速な高度成長を達成し、シンガポール、台湾、ホンコンと並んでアジアの新興工業国(NIES)として注目された。

こうした経済的高度成長と農村の改革は、農村の近代化と生活水準の向上による貧困問題の完全な解決により、「春窮期」は今日では過去の言葉となった。そして都市の貧民層も、工業化と輸出産業の急成長に伴う雇用の増大により、所得の急増と生活環境の改善を享有できるようになり、衣食住を内容とするベーシック・ニーズの充足により、社会権規約第一一条が締約国に求めている「生活水準に対する権利」は保障可能になったといえる。もっとも、このような高度成長の過程には、民主化と人権保障を求める運動に参加する人々に、国家保安法を厳しく適用して弾圧し、一九八七年五月の「光州民衆蜂起」の際には、陸軍の特殊部隊を導入し数多くの市民を惨殺して、その非人道・残虐性が国内外からの非難を浴びることにもなり、恥辱的な民族史の一頁をも記すことになった。

以上かいつまんで触れた韓国の場合は、社会的基本権とりわけ衣食住というベーシック・ニーズの充足もしくは確保と政治的自由を内容とする自由権的基本権の保障とが同時進行的に進められたが、政治的自由は市民運動により獲得し、ベーシック・ニーズを含む社会権は政府主導により進められた高度経済成長政策によってある程度達成できた。この韓国の経験は、他の発展途上国の状況を考える場合にひとつの指標になるとも思われる。

二　社会権に関連する国内法制と議論

国際人権規約A規約すなわち社会権規約が締約国にその保障を義務づけている諸権利のなかで、教育に対する権利は、初等教育に関するかぎり比較的早い時期から保障されたといえるが、労働者の基本権、社会保険と社会保障そして生活水準と健康に対する権利については、軍事政権の終息と文民政府もしくは民主的政権が発足する一九八〇年代の後半になってから行政府と立法府の関心が向けられ具体的作業が始まる。つまり、政府主導の経済改革と高度成長が始まる一九六〇年代の後半は、労働者の基本権保障よりも労働力の安定的供給を確保するために必要な施策がとられるなかで、労働基準法（一九六一年）、労働組合法（一九六三年）そして労働争議調整法（一九六三年）など、労働者の権利に関わる立法措置がとられた。しかし、ストライキを含む労働者の基本権は、「高度成長」と「勝共」の論理によって制約され続け、文民政府と民主化への発展が軌道に乗る九〇年代に入ってからも、組合結成と労働争議の権利を否定される労働者が多いことは、後に見る社会権規約の実施報告の審議過程においても明らかになっている。

さらに、社会権規約第九条が保障する社会保険と社会保障に対する権利は、職場別医療保険（一九九七年）、公務員および私立学校教職員医療保険（一九七九年）が導入され、一九九七年一二月には、既存の医療保険と地域医療保険を統合した「国民医療保険法」が成立し、九八年一〇月一日より実施されることになった。他方、国民年金制度は、公務員年金（一九六〇年）、軍人年金（一九六三年）そして私立学校教職員年金（一九七三年）が導入・実施され、一九八六年には国民年金法が制定され、一〇人以上の従業員を雇用する職場から五人以上の職場へと拡大された。そして、九九年四月一日からすべての国民を対象とする国民皆年金制度へと発展した（韓国の福祉制度に関する問題は、小林孝行『変ぼうする現代韓国社会』世界思想社、二〇〇〇年、所収の沖田佳代子「転換期における社会福祉の動向」を参照）。

次に、社会権規約が締約国に保障を求めている、家族・母性および子どもの保護（第一〇条）、生活水準に対する権利(第一一条)および健康を享受する権利(第一二条)に関連する立法と施策も漸次とられてきた。まず、家族と母性の保護に関連する施策は、低所得の母子または父子の家庭に対しては、子どもの養育費と教育費などの支援が行われ、家庭暴力に関しては、「家庭暴力犯罪の処罰等に関する特例法」(一九九八年七月一日施行)により、家庭暴力の防止と被害者の救済が制度化された。さらに、生活水準に対する権利を確保するための施策は、扶養義務者がいないか、もしくは義務者がいても扶養能力を有しない者で、六五歳以上の老齢者、一八歳未満の児童、妊産婦、疾病または障害により勤労能力を有しない者などに対する生計、医療、教育と自立などを内容とする保護が、生活保護法および同施行令(一九八二年一二月)に基づいて行われるようになった。また、一九九七年に始まる経済破綻とIMFの介入に伴う企業のリストラによって大量に発生した失業者の多数が、自己の家庭に帰れない困境に陥り、いわゆるホームレスの人々が、ソウルを中心とする大都会に溢れた。これらの人々に対しては、宿所と食事の提供そして職業訓練と再雇用を進め、自活のために必要な最小限の収入確保のために公共事業を展開した。

さて、以上概観したように、韓国における社会権的基本権の保障は、自由権の制約もしくは抑圧という消極的側面と農村改革と経済的高度成長という積極的側面をあわせもった社会発展の過程で、軍事政権から文民政権への移譲と政治的民主主義そして自由権的基本権の確保が、労働者の基本権と社会保障そして生活水準と健康に対する権利などの社会権的基本権も漸進的ではあるが保障可能にしたといえる。しかし、社会保険と社会保障そして家族と生活水準そして健康に対する権利は、伝統的な資本主義もしくは自由主義の政治・経済体制の下において発展した社会福祉と社会保障の論理を転換させ、国家からの施しから国家に対する権利とする認識が、政府と市民のいずれの側にもまだ希薄であることは否めないようである。つまり、すでに触れたように、カリスマ的独裁と軍事独裁による政治的民主主義の否定と自由権の侵害に対峙して展開された韓国の民主化・人権確立運動が貧困からの自由よりも権力からの自由を最優先課題にせざるをえなかったことが一因として指摘できる。しかし、経済的社会権および文化的権利を内容とする社会権の歴史的そして今日的発展が教えるように、政治的民主主義の確立だけでなく、経済的発展と経済的民主主義の発展が社会権の実現を可能にするという、より根本的な原因があると理解すべきかもしれない。いいかえると、韓国における社会権の権利意識が希薄であったことは、韓国特有の民主化・人権の歴史というより、社会権の具体的保障が、一方における市場経済と個人の経済的自由の尊重、他方における国家権力の立法的財政的介入というといわば二律背反の論理に支えられているという普遍的な理由に基因すると考えるべきかもしれない。このことは、人権の普遍性そして自由権と社会権が相互に不可分の関係にあることを強調し確認しながら、社会権と自由権を別個の国際規約によって保障し、締約国の実施義務についても、社会権規約が「この規約の各締約国は、立法措置その他のすべての適当な方法によりこの規約において認められる権利の完全な実現を漸進的に達成するため……行動をとることを約束する」と定め、原則的に即時的実施義務を課している自由権規約とは異なる義務を課さなければならなかったことからも理解できる。

なお、韓国の憲法は、いく度かの改正を繰り返し、軍事政権の終焉と民主化への発展に踏み出した一九八〇年代の後半に改正された現在の憲法が、法の適正手続、生命・身体の自由そして精神的自由に対する権利と並んで生存権を含む社会権をも保障している。つまり、働く権利と労働者の基本権（第三二条、三三条）と教育を受ける権利（第三一条）と共に、生存権についての詳細な規定を設けて保障している。それらはまず、三四条において「すべての国民は人間に値する生活を営む権利を有する」（同条一項）とし、続いて「国家は社会保障・社会福祉の増進に努力する」（同条二項）と謳って国家の義務を明らかにしている。さらに同規定は、児童の福祉と権益の向上、老人と青少年の福祉向上および身障者ならびに疾病と老齢などにより生活能力を有しない者の保護について国家の責務を定めるにとどまらず、「国家は災害を予防しその危険から国民を保護するために努力しなければならない」（同条六項）ことまで、明文規定で謳っている。また、同憲法第三五条は、「すべて国民は、健康で快適な環境で生活する権利を有し、国家と国民は環境保全のために努力しなければならない」（同条一項）とし、国家は、住宅開発政策などによって快適な住居生活ができるよう努力しなければならない（同条三項）と定め、健康に対する権利と並んで、環境権も生存権として保障している。もっとも、人間に値する生活を営む権利すなわち生存権について比較的に詳細で具体的な内容の規定になっているが、こうした権利に対応する国家の保障義務は努力する義務にとどまっている。そのために、憲法が保障する権利の法的性質と国家の保障義務をめぐる問題が、憲法裁判所において争われてきている。こうした問題に対する憲法裁判所の判断を概観してみることにしたい（韓国の憲法裁判所については、『法律時報』一九九一年六月号の特集を参照）。

まず、「人間に値する生活を営む権利」の性質について憲法裁判所は、「人間に値する生活を営む権利に基づいて、人間の尊厳にふさわしい生活に必要な最小限の物質的生活の維持に必要な給付を要求できる具体的権利が、状況によっては直接導き出せるともいえるが、同基本権が直接それ以上の給付を内容とする具体的権利を発生させるものではないといえる。こうした具体的権利は、国家が財政事情などさまざまな状況を総合的に勘案し法律によって具体化するときにはじめて認められる法的権利であるといえる」(一九九五年七月二一日)と判断し、その後も同じ立場を堅持しているようである。次に、同権利の法的効力に関する憲法裁判所の判断を主要な内容に限定して紹介することにする。一九九七年五月二九日付の判決の中で憲法裁判所は、人間に値する生活の権利を定める憲法規定は「すべての国家機関を羈束するが、その羈束の意味は積極的・形成的活動を行う立法府もしくは行政府の場合は、憲法裁判による司法的統制機能を有する憲法裁判所と同一のものではない。上述の憲法規定が立法府または行政府に対しては、国民所得、国家の財政能力と政策などを考慮し可能な範囲内において最大限に、すべての国民が物質的に最低生活を超えて人間の尊厳に相応する健康で文化的生活を享有できるようにしなければならないという行為指針すなわち行為規範として作用するが、憲法裁判においては他の国家機関すなわち立法府または行政府が国民が人間に値する生活を営むことを可能にするために、客観的に必要な最少限の措置をとる義務を遂行しているかどうかを基準に国家機関の行為の合憲性を審査しなければならないという統制規範として作用するのである」(傍点は筆者)との判断を示した後、国家による生活保護の限度と関連して同判決は、「人間に値する生活とはそれ自体抽象的かつ相対的概念であり、当該国家の文化の発達、歴史的社会的経済的条件によってある程度は異なるばかりでなく、国家がこれを保障するための生計保護水準を具体的に決定するときには、国民全体の所得水準、国家の財政規模と改革、国民各層の相互に衝突する理解関係など複雑で多様な要素を同時に考慮しなければならない。したがって、生計保護の具体的水準を決定することは、立法府もしくは立法により再度委任される行政府など関係機関の広範囲な裁量に委ねられているとみなければならない」と判示して、憲法第三四条が国家機関に課している義務の性質に関する憲法裁判所の見解を明らかにしている。「人間に値する生活を営む権利」つまり生存権の法的性質に関する憲法裁判所の決定すなわち司法的判断は、日本国憲法第二五条が保障する「健康で文化的な生活を営む権利」をめぐる日本の司法的判断と類似するものと理解できる。ただ、吟味した判例の中で憲法裁判所が、「人間に値する生活」を保障するためにとった国家機関の行為の合憲性審査の依拠すべき基準として「客観的に必要な最小限の措置をとる義務を遂行しているかどうか」であることを明示していることは注目に値することといえる。

最後に、「人間に値する生活を営む権利」の具体的保障は国家機関の努力と自由裁量に委ねられるとする消極的認識は、司法的判断に限らず、人権問題に関わるNGOと実務家そして学者の間においてもとられたようである。つまり、人権問題に携わるNGOと実務家そして学者たちが、「人間に値する生活」を含む生存権の権利性を積極的に捉え始めるのは、次章で吟味する社会権規約の批准と実施に関連する作業がその契機となったようである。金大中《キムデジュン》政権の誕生により人権をめぐる論議と活動がさらに活発化する潮流と韓国政府の社会権規約実施報告に対するNGOのカウンターレポートの作成と関連して、社会権とりわけ「人間に値する生活」を営む権利の検証作業が行われた。そして、こうした作業に拍車をかけたのは、一九九七年に始まる経済破綻とＩＭＦ介入に伴う大量の失業者、ホームレスの人々など、「人間に値する生活」を奪われた人々が日毎に急増する現実であった。これらの検証作業と議論を詳細に吟味する余裕はないが、たとえば、韓国人権ＮＧＯ「サランパン」の社会権委員会が一九九九年一二月に『人間らしく生きる権利――ＩＭＦ以後の社会権実態報告書』と題して発行した書物が、韓国における社会権の理論的状況の一端を教えてくれると考え、ここに紹介しておきたい。この書物は、一六名の若い研究者と実務者の協同作業からなるが、貧困からの自由、人間らしい生活、社会的弱者の権利など、生存権を中心とする社会権を韓国社会の現状に照らして検証している。なかでも注目されることは、「この報告書は、われわれの現実から出発しようとした。実際の運動を切り開いていかなければならない韓国の現実に対する分析の中に、社会権論議を展開するものを見出すことが困難であったためである」と、韓国の人権議論の中に社会権の占める比重が低いことを明らかにしている。そしてさらに、韓国の「人権運動は、今日まで目によく見える国家の暴力には憤りを表したが、よく見えない市場の暴力に対して鈍感であるごとき傾向を示した。人間の真の自由は、ただ単に国家の干渉からの自由だけでは充足されない」として、過去の人権運動が自由権に偏重してきたことの反省と、社会権の確保が真の自由権確立に不可欠であるとの基本認識を明らかにしている。

三　社会権規約の受容と実施にみる社会権実現の課題

韓国政府は、政治的自由と人権保障とは直接的関連を有しないジェノサイド条約（一九五〇年）、人身売買禁止条約（一九六二年）、無国籍者地位条約（一九六二年）および人種差別撤廃条約（一九七八年）と女性差別撤廃条約（一九八四年）は比較的早い時期に批准または加入の手続をとり締約国となる。しかし、人権と基本的自由の保障について締約国家に法的義務を課している国際人権規約を国内社会に受容し実施するようになるのは、やはり民主化と人権の確立に向けた国内的変化が具体的に見え始める一九九〇年代に入ってからである。つまり、韓国政府は、一九九〇年四月に国際人権規約A・B両規約およびB規約の選択議定書に加入し締約国となる。その間、B規約については二回の実施報告を提出し自由権規約委員会によって審査され、規約の規定に照らした問題点の指摘と是正を求める勧告が行われ、選択議定書に基づく個人通報が受理され是正措置が勧告された。そしてA規約すなわち社会権規約の実施については、一九九四年一月に第一回の報告書が提出され同年五月社会権規約委員会において審査された。本章では、この報告書の内容と規約委員会の審査と見解および勧告に依拠しつつ、その後の実施状況とりわけ一九九七年に始まった経済危機によって惹起した問題と課題についても触れてみることにする。

韓国政府が提出した第一回目の社会権規約実施報告は一三三頁にものぼるもので、その内容の詳細について触れる紙幅の余裕もまた必要もないので主要な事項とりわけ社会権規約第一〇条、第一一条および第一二条に絞って紹介し、規約委員会によって指摘された問題点に関するその後の履行状況をあわせて紹介することにする。まず、一般的コメントにおいては人口の動態について触れ、一九九〇年時点における人口総数は四三五二万であり、人口増加率は〇・九三％と低く、都市集中が進み、一九六二年には五七％であった地方の人口が一九九〇年には一八％にまで減少しているとしている。過去三〇年間の急速かつ持続的経済成長により経済構造が激変し、農林漁業が三四・八八％から九・一％に、製造業が二〇・五％から二九・六％に、そしてサービス業が四四・七％から六一・三％へと、一九六六年から一九九〇年までの間にそれぞれGNPに占める率が変わってきたとしている。そして一九六二年には二三億ドルのGNPが一九九一年には二八〇〇億ドルへと増加したとしている。

次に、社会権規約第七条が定める労働条件に関連しては、最低賃金法と労働基準法によって保障されているが、企業間の賃金格差が、労働組合の力関係も手伝って、ますます拡大しており、労働基準法も従業員の数が一〇人以下の零細企業には適用されないと報告している。そして第八条が保障する労働三権との関連では、郵便配達など肉体労働に従事する労働者を除いて、すべての公務員および教員は労働組合の結成が禁止されており、同一企業内における複数の組合結成も禁止されるとしている。また、争議行為についても、防衛産業に働く労働者はストライキが禁止され、第三者の介入も禁止されていると報告している。なお、組合結成の制限を含む労働法の再検証のために「労働法調査委員会」が設置されたこと、そして一九九一年には国際労働機関の加盟国となり、労働法のさらなる改正を推進することになるだろうことを報告している。

社会権規約第一〇条が保障する社会保険と社会保障については、本章の第一章で既存の法制度についてすでに触れているので、第一〇条の関連事項として報告している生活保護および労働災害補償について簡単に触れておきたい。まず、生活保護は一九六一年の生活保護法に基づき、月収八万ウォンから一二万ウォン以下の家庭には食糧と子どもの就学費そして医療費などが支給され、一九九二年の支給対象者は二一七万六〇〇〇人であると報告している。そして労働災害補償については、一九六三年の労働補償保険法に基づき、従業員五人以上の企業すべての労働者に補償保険が適用され、一九九一年末で七九二万三〇〇〇人の労働者が適用対象となっている。

次に、第一〇条が定める家庭および母子の保護に関連して報告は、老齢者と女性そして障害者の保護について触れ、老齢者については老齢福祉法に基づいて、同居者の納税義務減免、介護費の支給と健康施設利用の補償などの措置が施行されており、女性とくに母性保護に関連しては、一九八九年の母子福祉法に基づき、夫の死後や離婚または遺棄などにより母によって支えられている家庭に、最低限の生活費と教育費が支給され、職業訓練と自立に必要な資金の貸与が施されている。さらに、障害者の自立と社会参加のために、九五万六〇〇〇人にのぼる人々に、リハビリ施設の利用を提供し、障害者に対する偏見の撤廃に必要な施策がとられてきた。関連する立法措置としては、障害者福祉法(一九八九年)、障害者雇用促進法(一九九〇年)が制定された。また、児童福祉法(一九八一年)および乳幼児保育法(一九九一年)の制定・施行により、家計を支えている児童の保護と支援、そして六歳以下の子どもたちが、養護義務者の病気、その他の理由により養護を受けることのできないときは、養育サービスの提供を受けることになっているとする。

次に、生活水準に対する権利と保障する社会権規約第一一条との関連では、すでに触れた生活保護法に基づいて公的扶助を受けている保護対象者が一九八八年の二三一万人から一九九二年には二一七万六〇〇〇人に減少しているとし、住居に対する権利との関連では、野宿者すなわちホームレスの人々の問題について、その正確な数の把握は困難であるが、一九九一年末までに八万二〇〇〇人のホームレスに社会保護施設により宿泊の便が提供されたと報告している。また、都市の住宅事情を改善するためにさまざまな立法と行政措置がとられてきたことを詳細に報告している。

さて以上、韓国政府が社会権規約委員会に提出した実施報告を、社会権規約の国内実施に関連する立法措置の中ですでに触れた部分と規約第一三条が定める教育と文化に対する権利に関連する部分を割愛し、いくつかの主要なポイントに絞って紹介した。この韓国政府報告を審査した社会権規約委員会は、審査後に、一般的評価と懸念事項および提言と勧告を行っている。そのいくつかを上に触れた報告の内容と関連して言及しておくことにする。

まず懸念事項は、①労働組合の結成と争議行為の制限は規約と抵触すること、②ホームレスの人々の強制立退きに関する報告が不備であること、③貧困者、ホームレスおよび障害者など社会的脆弱者に対する権利の保障が不十分であるとの指摘である。そして次に、提言と勧告は、①労働関連法と規則を改正し、教員と公務員そして防衛産業労働者などが組合を結成し争議行為に訴える権利を認めること、②従業員数が一〇人以下の小企業にも労働基準法を適用し、企業現場の安全と最低賃金に関する法律を適用すること、③外国人労働者の権利保護と差別撤廃に取り組むこと、④立退きにあたっては、適切な代替住居を提供し、当委員会の一般的意見(四)に従って住居に対する権利を保障すること、⑤社会福祉制度を外国人労働者、貧困層および障害者に拡大し強化すること、などの点を指摘しその改善と是正を求めている。

おわりに――第一回報告書審査後の実施状況

以上、韓国による社会権規約の国内的受容と実施を、国内の立法・行政措置および社会権の法的性質に関する議論と憲法裁判所の判断を通してかいつまんで吟味した。そして、提出と審査から五年に近い時間が経過しているため現状とは多少の齟齬が認められるが、規約実施報告を通して、社会権規約が保障する権利の実現努力の実状と問題点を国際社会の諸国と人々に明らかにし、社会権規約委員会の審査を経て是正し改善すべき点と課題が明示されたことは、個別の権利保障はいうに及ばず、国際人権条約の存在理由と意義が国内的に再確認できたように思われる。

そして次に、韓国政府の実施報告後に生起した経済的政治的変化に伴い、社会権規約の国内実施の阻害要因と並んでいくつかの是正措置もとられた。つまり、人権と民主主義の確立のために命を賭して闘い、いく度かの死線を乗り越えて大統領に当選した金大中政権の誕生は、社会権規約を含めた国際人権条約の国内実施促進に明るい展望を開いた。また他方においては、一九九七年に惹起した経済破綻とIMF介入による急激な構造改革により、社会権規約が実現をめざす権利保障を後退させ悪化させたことも事実である。こうした社会権規約の国内実施に関連する積極的側面と否定的側面についてより具体的に触れるならば、まず、金大中政権誕生後、先の規約委員会によって是正を求められた事項の中で、労働者の権利に関連する具体的改善が見られる。つまり、複数の組合、教職員の組合結成そして第三者の介入などが認められるようになった。また、労働基準法の適用除外の対象となる企業を従業員数一〇人から五人以下へと適用範囲を広げた。

　他方、社会権規約の国内実施を阻害する否定的側面は、企業の倒産と構造改革により職を失った労働者が急増し、その多くが路頭に迷いいわゆるホームレスになってしまったこと、家庭の崩壊、子どもの生活と教育に対する権利の否定など枚挙にいとまがない。さらに、社会保障制度の根幹である国民皆年金制度が一九九九年四月から発足したものの、その進捗度合は必ずしも順調ではないようである。また、規約委員会が懸念を表明し是正を求めた外国人労働者の人権と差別撤廃の確保もいまだに目に見えるような進展はない。

　このように、第一回の実施報告の提出・審査後に、一方における政治的民主主義の発展と他方における経済的破綻と危機の到来という政治的変化は、社会権規約の国内実施を容易にしたというより、とりわけ住居と食糧などいわゆるベーシック・ニーズの確保をむしろ困難にするなど否定的要因を噴出させた。その間、経済危機の脱出による改善が見られたことも事実であり、第二回の実施報告により、その実態が明らかになるものと期待される。

3 日本と朝鮮半島の新しい関係を築く市民レベルの努力
――韓日条約締結から三〇周年を迎えて――

一 歴史認識の問題とくり返す「妄言」

まず、日韓関係を離れて一般的に言えば、我々個人の場合もそうだし、民族、国家の場合もそうだけれど、歴史というのは我々が歩んできた「過去」であり経験であるわけで、我々人間はこの経験を糧にして生きる他ない。言い換えると、今日どう生きるか、明日どう生きるかというのはやっぱり、昨日どう生きてきたかということが基本的にベースになって、そこから今日はこういうことは止めておくとか、明日はこうすべきだとかになる。歴史から学ぶとか歴史を正しく見なければ、今日も正しい判断ができない。そういう意味で、歴史に対する認識、あるいは歴史から学ぶというのが非常に大事だと思う。

特に日本と朝鮮半島の関係から言えば、もちろんそれ以前のいろんな関係もあるけれども、少なくとも四〇年くらいの日本による一方的な侵略とか植民地支配とか、そういう不幸な関係がある。そうするとやっぱり、今日の日本と朝鮮半島の関係を正しく保つ、あるいは未来を正しく築いていくとすれば、その歴史を正しく見て、その歴史から学ぶ姿勢がなければできないはずである。しかし日本の、特に政治に責任のある人たちが意図的にそれを隠そうとしたり、意図的に曲げようとしたり、あるいは開き直りとさえ見られるような言動を繰り返している。これはもう日韓会談の初期から繰り返しているわけで、そういう意味で、政治家レベルでの日韓関係の正しい再構築というのはやっぱり非常に難しいという思いをずっとしている。

これはなぜだろうか。韓国語では人間の狭量が狭いとか臆病者という意味で「モンナッタ」という言葉をよく使う。人間というのは誰しも自分の恥ずかしい部分を隠したいのは本能でさえある。あえてそれをさらけ出してきちっと見つめ直すという作業は勇気がいるわけだけれども、ドイツでは、ブラント元首相がきちんとポーランドへ行って慰霊碑の前にひざまずいて過去の謝罪をする。あるいはドイツとポーランドが共同で歴史教科書を作っていくなどの作業をちゃんとやっている。ところが日本はむしろそれを隠そうとする。だから、勇気がないというか、非常に狭量というか、そういう思いをしている。政府レベルでは「日韓新時代」と盛んに言うけれども、韓日条約の締結から三〇年が過ぎた今日においても依然として、その当事者、特に自民党の中の人たちが植民地支配を美化するような言動を繰り返している。つまり、天皇や総理大臣が「遺憾である」とか何とか言っていながら、まだその舌の根の乾かないうちにそれを打ち消すような言動を繰り返している。だから、もう不信感で一杯というのが率直な思いである。もちろん中には、ちゃんと見つめようという人たちもたくさんいるわけで、その辺に目を据えて広げていくという作業はやはり市民レベルできちんとやっていかないと仕方ないかな、という思いもしている。

二　締結三〇年を経た韓日条約

日韓併合条約（一九一〇年）を法形式的に有効だという議論はずっと日本側にはあるけれども、条約というのはちょうど我々市民レベルでの契約と一緒で、両当事者の名前があってハンコさえ押しであれば一応、法形式的には有効だ。ところが、それが締結される過程で脅迫があったり、あるいは拳銃を突きつけられたりして無理矢理ハンコを押させられる場合が非常に多い。詐欺・脅迫など自由な意思の合意でないことが証明できれば無効になる。国際法でも同じような法理が働いているわけで、両方の元首が署名をしてハンコを押していて表面形式的には合法にみえても日韓併合条約が力を背景にして強制的に締結された条約であることは間違いなく、国際法に照らしてみると合法性は認められない。それが証明される、されないという問題はあるけれど、これはもう九九％、そういう性質のものであることは間違いない。たとえば、併合条約の前に外交権を奪った保護条約を強制して締結しており、自由な自主的意思表示は不可能であった。したがって、形式的に形は整っていても、力を背景にしたものだ。それは今の国際法に照らしてみても違法だし、しかも「併合」という名称を使っていても実質的には植民地化で、植民地支配が違法であることは戦後の過程ではっきりされている。だから、「法的に合法だ」というのは詭弁だと思う。

韓日法的地位協定の「九一年協議」の時も提案したけれど、日韓条約もそういう意味で、むしろ全面的に見直しをすべきだったと思う。その理由の一つは、基本条約が併合条約については「もはや無効である」というような表現を使っていて、併合と植民地支配に対する日本側の法的責任とか、あるいは道義的責任さえも触れていない。まさに歴史に対する日本側の基本的な認識とか責任とか、そういうものが本来は基本条約のまず前文の中で謳われなければならないけれど、それがまったくない。

法的地位協定についても、その時に韓国政府代表として条約を妥結させた金鍾泌《キムジョンピル》さんが、直接訪ねた筆者を含む「在日」と日本の識者に対し、「いかにして日本からたとえ一ドルでも多く持っていくかというのが自分の頭にあって、在日同胞の問題は全く自分の念頭にはなかった、そういう意味では自分は過ちを犯した」ということを告白していたけれど……。しかも国交回復だから、それまでなぜ国交がなかったか。つまり、植民地支配に対する反省とか謝罪とか、そういう問題を含めて歴史認識が全く欠落している。したがって、今いろいろ問題となっている戦後補償の問題とかも本来、そこにおいて謳われるべきなのに、それもない。

三　韓日条約の見直しと日朝交渉

右のような条約は廃棄すべきだとの議論もあるが、廃棄は無理だと思う。もちろんそれに代わる新しい条約を作るという意味では、結果的に廃棄ということになるだろうけれど……。歴史認識の問題など全く欠けているところを補完する形で、あるいは修正という形で見直しをすることも一つの方法であるが、その可能性も極めて低い。ただ一つ問題は、北朝鮮と日本の国交交渉が予定されていて、すると同じような基本条約があって一連の協定が締結される。そこでその基本条約をどうするかという問題がある。日本としては韓国と同じようなものにしたい。ところが、北朝鮮としてはそれが受け容れられない。ましてや韓国の方も、六五年の条約は非常に不十分であるという認識で、しかも廃棄論まで出てきているわけだから、むしろ韓国としては北朝鮮の方に、日韓基本条約でできなかったことを条約の中できちっと謳わせるように、少なくとも側面的に支援をして、次に北と同じような条約を南と締結させていくようなことも一つの方法かなという思いはしているし、そういう話は韓国の外務省の人たちにずっとしてきでいる。少なくとも日朝交渉の進展を妨害はすべきではない。

日朝交渉に対して、韓国政府筋はあまり積極的な反応は見せないけれど、少なくとも反対はなかった。南北の関係が流動的であるからよく分からないけれど……。ただ心配しているのは、いま北朝鮮が経済的に非常にいろんな難しい状況にあること。その中で日朝国交正常化を考えようとする場合、ちょうど六五年の韓国と同じような問題、つまり経済的復興のために日本からの金銭賠償と資本などが優先されて民間人の請求権とか「在日」の法的地位などの問題が後廻しにされてしまうという可能性がありはしないかと心配している。だから北がどれだけ頑張れるかということもあると思う。

日韓条約の廃棄というのは、いわゆる事情変更の原則とかの法理があるわけで、その時に全然考えつかなかった状況が生まれて、これはもう適用できないから変えようとか、条約を廃棄するためには何か正当な理由がなければできない。ただ感情的、政治的に言っても、法理論としては条約を韓国が一方的に廃棄はできない。しかもその当時のそういう過ちというのが韓国側の責任もあるわけだから……。だから余程世論を高めて、日本の世論も含めて、そう持っていかないと、廃棄というのはなかなか難しい。

ただ改正とか、あるいは別の付属する議定書という形で行うことができる。もう一つは、さっき言ったように北朝鮮との関係で、もうちょっとましな条約ができれば、少なくともそれと同じような内容のものについては日韓基本条約についても触れていくなどの方法が考えられる。

これは在日の問題もそうで、法的地位協定も全然内容が不十分だから、もう廃棄せよと言う人も多い。しかも主要国際人権条約も入ってきて、条約が謳う内外人平等原則に基づく処遇に、むしろブレーキさえかけているわけだから、本当に意味がない。だから、もう一つの期待というのは在日の問題についても北との国交正常化の過程で、六五年の時にできなかった部分を補完していく。在日の問題は少なくとも国際人権規約より良いものじゃないと、改めて二国間協定を作る意味がない。だからこれも、北朝鮮の方がどれだけ頑張れるかということになる。

韓国は、少なくとも足を引っ張るということを止めるべきだ。やはり、側面的に協力して良いものを作らせて、こっちの方も、「なぜ北だけだ、南北が平等な関係を」という形でもっていけばいいわけで、そうするくらいの雅量というのが韓国の外務省、政府側に求められる。

四　戦後補償問題

戦後補償の問題で、一つは「日韓協定で解決済みだ」という議論について。たとえば国際法の立場から見れば、政府間の解決というのはあくまでも、我々は韓国籍だから、難しい表現では「外交保護権」というものがあるけれど、そういう外交保護権を韓国政府が行使しませんということであって、個人の戦争犠牲者の人たちが日本政府を相手どって請求する権利までも奪ったものではない。だから、政府レベルで解決したとしても、加害者である政府と犠牲者である個人との間に存在する権利関係まで解決したとは言えない。これは国際法の常識だし、日本政府も国会答弁の中で繰り返し言っていることだ。例えば一九九一年八月二七日参議院予算委員会において柳井俊二外務省条約局長は、日韓請求権協定の規定について「日韓両国が国家として持っております外交保護権を相互に放棄したということでございます。したがいましていわゆる個人の請求権そのものを国内法上の意味で消滅させたものではございません。日韓両国間で政府としてこれを外交保護権の行使として取り上げることはできない、こういう意味でございます」と答弁した。これは韓国・朝鮮の人たちだけではなしに中国とか東南アジアを含めてそうだけれど、政府レベルで解決したということで、対政府関係で被害者個人の補償請求権まで打ち消されたというのは通らない。

もう一つは、特に在日の戦争犠牲者、旧軍人とか軍属として戦場に狩り出され死傷した人たちの問題がある。たとえば、大阪在住の鄭商根《チョンサンクン》氏もその一人で先日(一九九六年二月一九日)亡くなり、他の当事者たちも亡くなっている。日韓請求権協定の中ではっきりと在日は除かれており、適用対象になっていない。これは韓国政府が日韓協定発効後すぐ発行した国民向けの冊子の中でも明確に述べている。だから、今いろいろと問題となっている旧軍人とか軍属の皆さんの場合は国籍条項で援護の対象から排除されていることは差別的な人権侵害でありその救済が行われていないことは間違いない。

右の鄭商根氏は、一九二一年韓国済州島に生まれ、日本海軍の軍属として徴用されて、四二年七月マーシャル群島内のウォッゼ島に配属、四三年一一月勤務中に米軍の爆撃を受け、右前ひじ切断、左手母指機能傷害、両鼓膜穿孔、混合性難聴の重傷を負った。厚生省に対する請求を拒否された鄭氏は、一九九一年一月、日本国を相手取って戦後補償裁判を起こした。

一九九五年一〇月一三日大阪地裁は、韓日請求権協定による解決から除外されたことに照らして見るとき、在日韓国人に対して援護法を適用していないのは憲法に保障する「法の下の平等原則」に反する疑いがあると判示した。しかし援護法の適用いかんは立法裁量によるとして、原告敗訴の判決を下している。他方、台湾住民である旧日本軍人・軍属の重度戦傷者及び戦没者遺族に関しては、一九八七年に台湾住民である戦没者の遺族等に対する弔慰金等に関する法律が制定され、弔慰金または見舞金が支給されることになった。ところが「在日」だけは放置される。※〔ただ、二〇〇一年四月には台湾住民と同じ法律が制定されて、在日に対しても弔慰金と見舞金が支給されるようになった。〕

それからもう一つ、今いろいろと問題となっている従軍慰安婦の問題。これは日韓協定の時点どころか、数年前まで日本政府は全く関与していないと言っていた。だから条約交渉の段階ではもちろん全然、日韓両政府の間で議論もされていない。その後、いろんな資料が発見されて初めてようやく日本軍の関与が認められたものだから、条約を交渉する段階で全く両当事者の頭にもなかった問題を「解決された」と言うこと自体が暴論であって、そういう議論はやっぱり通らない。国際法の立場から見てもそうだし、まして道義的にも通らない。このことは、一九九六年に国連人権委員会の委託に基づき、韓国、北朝鮮、そして日本を訪問して調査した「クマラスワミ報告書」の中でも指摘され、日本政府の法的道義的責任が確認されている。さらに、日本が当事国となっている「人身売買の禁止に関する条約」で、当然、日本政府はそういう行為を行なった者を処罰する義務がある。たとえばユーゴスラビアでエスニック・クレンジング（民族浄化）というスローガンの下に殺害したりレイプしたりの行為は、いま国際刑事裁判所で処罰のために審理されているけれども、本質的には従軍慰安婦問題も同じような犯罪行為だ。だから、法的にも道義的にも日本政府の全面的な責任があるわけで、しかも日本政府の関与が非常にはっきりしている国家ぐるみの人身売買強要である。

今、「アジア女性平和基金」の運営による解決が困難に直面しているけれども、基金による救済というのはひとつの方法だとは思う。というのは被害者の確認の問題とか、しかも韓国だけじゃなしに東南アジア全土にまたがっているという問題もあるし、日本政府の立場からすると、そういう方法も出てくる。筆者自身前の条約局長とも、まだ基金の話が出る前にそういう話をしたことがある。まず、その人たちに対して、言葉で濁すんじゃなしに、やはり誠心誠意きちんと謝るということが先にあるべきだし、「遺憾」という言葉がよく使われるけれども、韓国から見たら「遺憾」という言葉は謝罪と思わない。そういう真の謝罪が先にあって、具体的に生活に困っているとか、いろんな問題があるから、そういう場合は物質または金銭的な賠償の方法がある。被害者が確認できる場合はちゃんと確認して、額の問題は別としてもちゃんと個別的に補償するべきだろうし、確認できない場合は基金なんかでも作ってみるのも一つの方法だというようなことを話した。

今でも前の文部大臣の赤松さんら筆者が尊敬する日本の友人や知人が委員になっているので、いろいろ意見を聞かれたけれど、私が言っているのはやっぱり、基金でもまず政府主導で、そして次に民間から基金を捻出するというのなら分かる。そうではなしに、はじめから市民のポケットマネーを集めて、それで何とかごまかそうということではおかしいんじゃないかということを言ったら、皆さん「いや、我々もそのつもりで中に入って頑張る」と話していた。三木元首相夫人は賠償に対する日本政府の姿勢に抗議して辞められたけれども、他の皆さんもおそらくそういう思いをしているし、いろんな人たちに会って聞くと、やっぱり、その人たちの思ったようには進まない。しかしいろんな可能性が今見えてきているので、もうちょっと頑張ってみたい、という話はしている。くり返すと戦後補償の問題は基本的には日本政府がその責任をまず認めることが問題解決の基礎である。

五　日本とアジアの歴史認識を共有していくために

やっぱり、正しい歴史認識に基づく未来の構築は政府まかせではどうしようもない。この五〇年間見ているけれど、やはり韓国側の方もそうだし、政治家というのはその時々の自らの政治的な利害関係によって言動をする場合もあるし、特に日本の自民党の中に依然としてそういう国粋主義的なところが根強くある。憲法第九条に対する問題もそうだし、靖国神社の問題も、伊勢神宮の問題もそうだ。そういう政治家たちや権力にゆだねて、共有する歴史認識や、あるいは未来を構築するというのはもはや期待できない。権力や政府というのは本質的にそういうものだというふうに思われてならない。

国際化を「民際化」ととらえて市民レベルで国際社会または国家関係を考えていくとか、ＮＧＯも含めて非国家的な実体というものが国を変えていくことが必要である。その場合、もちろんいろんなレベルが考えられる。一つは、学問的なレベルで同じ思いをもつ韓日両方の学者たちが、いろんな機会をとらえて、両国の社会に向けて提言をどんどんやっていく。韓日の間にはすでに歴史教育に関する歴史学者たちの取り組みがある。ポーランドとドイツのように政府レベルの作業に持っていければいいけれども、とりあえず学者レベルでの交流を深めて歴史に対する共通の認識と将来あるべき日本と朝鮮半島との関係について提言していくことがとりあえず重要である。

それから、今いろいろな交流があるけれども、平和の問題とか人権の問題とか環境の問題とか、まさにグローバルな問題がある。もちろん日本と朝鮮半島だけじゃなしに中国とかロシアも含めて東アジア全体のこの地域のそういう問題をどうするのか。これらの問題もやっぱり政府まかせじゃなしに、住民レベル・市民レベルで考えていかないと真の正しい解決は難しい。いろいろなNGOが、アジア太平洋地域に目を向けて人権を確立するために頑張っている。もちろん地域的にも広いし、宗教的、経済的に多様な社会なのでなかなかまとまらないけれども、東アジアあるいは東北アジアの場合は、朝鮮半島の問題さえ解決されれば東アジア共同体の構築も可能だと思う。特に同じ儒教と漢字の文化圏とか、いろんな意味で共通の価値観もある。ただ日本と朝鮮半島の問題というのは中国を離れて考えられないから、とりあえず日本・朝鮮半島、やがて中国も参加させる形で、東アジアの将来をどうするかというような問題を考えていかねばならない。

つぎに、安全保障の問題もある。今、憲法第九条の問題で集団的自衛権をどうするのかという議論がいろいろあるけれど、日本が集団的自衛権と言う場合、歴史が教えるように、日本が攻めた例はあるけれども、攻められた例は蒙古の襲来を除けばないし、この国を攻めて占領して利益になるようなものは何もない。むしろ日本が防衛、防衛と言う場合は、攻める力を養うための奇弁だろうと思うのは筆者だけではない。いずれにしても東北アジアの安全保障、ひいてはアジア太平洋地域の安全保障をどうするのかを考える時に、やはり中国・朝鮮半島・日本というのは非常に重要な位置にある。そういうことを市民レベルで考えないといけない。特に環境の問題はそうだ。市民レベルの連帯と努力を積み重ねていって、政治を変えていく力も生まれてくる。民主主義との関係もあるし、中国や北朝鮮の政治体制の問題もあるだろうけれども、やっぱり、長期的にはそういう努力を積み重ねていくしかないと思う。当面、対政府との関係では少なくとも何かをさせない、「させる」ということよりも「させない」という、そういう働き掛けをしていく。日本であれば集団的自衛権の名による軍事的介入の拡大とか、あるいは汚染の輸出問題とか。政府との関係ではそういうことのために力を合わせていくことが求められている。

だからボトムアップという方式で、特に歴史認識とか歴史の構築問題になるとそうである。これは日本の市民の皆さんにいつも言っていることだけれど、「政府がこうだ、ああだ」と言っても、基本的にはやっぱり、この社会に住んでいる一人ひとりの責任だ。外登法(外国人登録法)だってそうだし、外国人をどうするかという問題もそうだし、そういう法律や政府の政策が存在しうるのは、少なくとも大多数が黙認しているか賛成しているからで、たとえば半分以上が「それはおかしい」と声を出したら絶対存在しえない。日韓の歴史認識もそうだ。ああいう奇弁とか開き直りに対して、この社会の人たちが「おかしい」ということをきちっと出したら、ああいうことはできない。むしろ心の中で喜んでいる市民がいるから彼らがそう言っているだけで、それはやっぱり、この社会の人たちのある部分を代弁している。

だから、市民レベルで市民一人ひとりが可能な努力をしないといけない。最近、言葉は国際化とかグローバルとか人類とか、そういう普遍的な概念がどんどん飛びかうけれども、まだまだ我々の頭は何か非常に頑迷な国家意識というものに縛られている。民族とか宗教とかそれぞれの違いを、数が少なくても、弱い存在であっても、いやむしろだからこそきちっと違いを認めて、お互いに共生できるという、そういう社会にならないといけない。今までの人権とか平和とかいうのは、常に強い者の人権であり、強い者の平和であり、多数者の人権であり、多数者の平和であって、女性も含めて弱い者、数の少ない者にとってのものでは全然なかった。脆弱者と少数者の人権と平和をベースにした日本と朝鮮との関係を築くという努力は、二一世紀に向けて日本と韓国・朝鮮の両方の人びとに求められている一つの大きな課題である。

4 北朝鮮核疑惑をめぐる法的諸問題

はじめに

1 核疑惑騒動の本質

あえて核騒動という表現を使ったのは、核疑惑とは全く別の意図によってこの問題が煽動され、あるいはヒステリックな反応をマスコミも含めて示しているからである。というのは直接の当事者である韓国政府はおいておくとして、韓国の一般市民はむしろ平静な目でこの事態を見てきている。日本ではいかにも「労働号《ノドン》」のミサイルに核が乗って、日本に明日にも飛んでくるかのような大騒ぎをしておって、それにかこつけて、従来から特定の力あるいは勢力によってもくろんできていることを、この問題を利用することによってなんとか実現させようということがあまりにもありありと目に見えてくる。

朝鮮半島で戦争が起こる問題は、筆者自身が一九五〇年から五三年までのあの戦争を直接体験した。田舎は北朝鮮軍によって二カ月ほど占領され、そのもとでさまざまな教育も受けた。あるいは同じ民族同士が殺し合うという悲惨な体験を十代の後半にした。そのため特に、もちろんどんなことがあっても戦争は避けなければならないという思いを強くしているわけだから、朝鮮半島は南にしろ北にしろ、核を絶対に持つべきではない、ということは筆者の信念である。そして、その実現についてはまだ先がはっきり見えないけれども、南北が朝鮮半島の非核化宣言を行ったことについては非常に喜んでいるし、賢明な選択であったというふうに評価もしている。朝鮮半島の非核化、あるいは戦争の絶対防止は筆者が常に念じていることを再確認しておきたい。

今回の核騒動は、たとえばソ連が崩壊する前は、ソヴィエトの軍事的な脅威に対抗するために北海道における日本の防衛力増強の問題が議論され、日本の防衛力増強、軍備増強とソヴィエトの軍事的な脅威論を結びつけて進められていた。ところが、幸いなことといっていいのか、ソヴィエトが崩壊をし、いわゆる冷戦体制が完全ではないけれどもなくなりつつある。そのためいわゆる北方脅威論というのがソヴィエトから北朝鮮へと変わってきている。北朝鮮を悪者にし、北朝鮮を日本の領土保全、あるいは日本の平和に対する脅威者、日本の平和を脅かす存在であると決めつけ、それを今度は日本における憲法改正、そしていわゆる国際貢献の名における軍事大国へと進めようとする力によってつくられているというのが今日の状況であろうと認識している。※〔その後米国ブッシュ政権によって「悪の枢軸国」と呼ばれ、日本人の拉致問題が明らかになって、この傾向はいっそう強くなった。〕

2　差別と偏見に基づく官民一体のいじめ

それから過去においても何度も生起する大韓航空機事件、ラングーン事件、それからパチンコ景品事件など、北朝鮮関連の問題があるごとに、つねに攻撃というか暴力、いじめの対象になるのはほんとに無垢な朝鮮学校の小学生、中学生、高校生といった幼い子どもたちに向けられたものであって、今回もやはりまたかという思いをしている。こうした暴力は決して偶発もしくは一時的なものではなく、潜在的な偏見と差別に基づいて集団的に朝鮮人を差別と攻撃の対象にするものである。そういった暴力を加え、いじめている人たちもある意味では被害者、つまり日本の社会にあって一部のドロップアウトされた人たちが多く、自らの抑圧された部分をまた別の弱い立場の人たちに向けるというような、どの社会にあっても見られるが、その人たち自身については、ある意味では同情さえ覚える。

それよりもっと心配なのはこの間の京都において警察権力によって行われた、しかも政治的意図によって仕組まれた弾圧であり抑圧である。こういった行為に対して、たしかに一部の日本人からは抗議なり非難はあるのだが、たとえばこういうことが日本の特定の社会団体に行われたときに、その程度のことで済んだだろうかと考えるときに、やはりこの社会の潜在的な朝鮮人あるいは韓国人に対する偏見と差別がむしろ警察をして平然とそういうことを行わしめたというふうに思う。

長野県の最近の毒ガス問題についても、本当に関東大震災の朝鮮人虐殺のときに官民一体になってその虐殺に加わったということをほうふつさせる思いをした。しかもそれが朝日新聞という、どちらかといえば反体制的というか少なくとも民主的で良識ある新聞の一つだと思われている、その朝日新聞が、謝罪というか遺憾の意を表するという記事が朝鮮総聯の抗議に対して出ているけれども、平然と無感覚的にそういう記事を載せるという無神経さというか、それには本当に怒りを覚えさせられる。

さて「核疑惑」なるものに関連して国連が集団的制裁措置をこれに適用するという議論、あるいは小沢一郎をはじめとするいわゆる軍事的な国際貢献を特に強く主張する人たち（『世界に生きる安全保障』原書房、一九九四年、参照）は、集団的自衛権を当然のこととして、あるいは固有の権利だからというので日本はそれを行使できるとし、従来の政府の考え方をできるだけ早く改めて集団的自衛権に基づく軍事力行使を可能にすべきだということを公然と主張している。そこで国連の集団的措置と集団的自衛権の問題を考え、それから有事立法といわれる問題が、人権という立場から考えた場合に、とくに国際人権規約を批准をして一五年が経過しているが、国際人権規約から見た場合にどういう問題があるのかということを、最後に朝鮮人に向けられた差別や暴力の問題を考えてみたいと思う。

一　NPT体制と核拡散をめぐる国際社会の動き

1　NPTの差別性と非核保有国

最初にNPT体制と核拡散をめぐる国際社会の問題であるが、NPTというのは周知のように核不拡散条約、つまり核を持つ国をこれ以上増やしてはならないのだという考え方に基づいて、核を持たない国は今後核兵器の保有というオプションを法的に放棄させるというのが、この核不拡散条約の存在理由であるし、目的である。だからこの条約の理念、あるいは目的そのものはもちろんわれわれも歓迎すべきことであろうし、決してそれを否定すべき問題ではない。ところが問題は核を持っている国、核保有国と非核保有国とのあいだにおいて不平等ないしは差別性というものを温存し、非核保有国だけに一方的に重い義務を課して、核を持っている国に対しては一般的な表現で、しかも漠然とした義務しか課していない。そのためにこの条約が締結された当時からその差別性、不平等性は、とくに非核保有国から非常に強く批判されてきている問題である。

九四年六月一六日の神戸新聞に掲載された「試練に立つ国際核管理」という記事にあるように、一九七〇年からちょうど二五年目に当たる来年、九五年がNPTの期限を延長するのかしないのか、その内容の再検討を含めた会議の開催が予定されている。一番問題となるのは核保有国の義務、とくに核使用の禁止の問題とか核を政治的に利用しない問題などについて核保有国に対して法的な義務を課するということが明文で謳われないかぎり、非核保有国はなかなか納得しないだろうというのが、一般的な観測でもある。そして、国際政治という立場からみると、核保有国が依然として核兵器を背後にした外交、つまり国際政治の場においてそれを力とした政治を進め外交を進めようとする、それが最も大きな問題だろうと思われる。したがって核保有国によって脅かされている非核保有国の安全保障をどうするのかという問題が明確に見えないかぎり来年度の延長会議というか、検討会議はおそらく難航するだろうということが予測されている。

NPT（核不拡散条約）の最大の狙いはまだ核を持たない国が今後核を持てないようにする、持たないことを義務づけることである。そして核兵器不拡散条約の条文をみると、第一条が核兵器保有国の義務で、核兵器保有国は核兵器その他の核爆発装置その他の管理をいかなるものに対しても委譲しない、それからその装置とか管理の取得について非核兵器国に対して援助とか勧誘を行わないという義務を核兵器保有国に課しているのに対して、第二条では核を持たない国の義務として、核を持たない国は核兵器その他の核爆発装置またはその管理を受領しない、受け入れない、それを製造しない、そしていかなる方法によっても取得しないし、援助も受けないという約束をしている。

核を持たない国の約束を具体的にどう履行させるかというところで、この条約の第三条をみると「保障措置」というところがある。この条約の中心的な、最も重要な部分はこの第三条の保障措置になる。今回の北朝鮮の問題もこの第三条と直接係わる問題であるといってよい。

そこをみると第一項の後段は、「この条文の規定によって必要とされる保障措置は当該非核保有国の領域内もしくはその管轄下で、または場所のいかんを問わずその管理の下でおこなわれるすべての平和的な原子力活動にかかわるすべての原料物質、または特殊核分裂性物質につき適用される」と定めている。核の平和利用にかんするあらゆる施設について、この保障措置が適用されるということである。第二項は「平和的目的のためいかなる非核兵器国にも供給しない」となっているが、こういった保障措置を具体的に履行あるいは実行するためにIAEA（国際原子力機関）の監視活動に結びつけている。

2　NPTと地域的非核化の動き

一方で核保有国を増やさないという条約を締結して、普遍的というか、地球的・国際的なレベルでの核不拡散を達成し、他方ではこれとならぶもう一つの動きとしては地域的な非核化の動きがずっとある。一つは中南米、とくに南米ブラジルとかアルゼンチンとかいった南米諸国のあいだで結ばれた条約である。それはトラテロルコ条約で一九六七年に締結された条約であるが、南米諸国が非核化を約束した条約である。それから南太平洋諸国が締結したものがラロトンガ条約、これは一九八五年に締結された条約である。そしてアフリカの場合は、南アフリカがこの度NPTに参加しているが、南アフリカとその周辺諸国、とくにＯＡＵ（アフリカ統一機構）諸国がもっぱら条約案づくりの作業を具体的に始めたというニュースがはいっている。そして東南アジア諸国の場合もまだ具体的に条約化の方向には動いていないけれども、非核地帯を設ける、あるいは非核化を具体的に進めようという議論がずっと行われているし、それもそう遠くないうちに何らかの形で条約なり宣言なりが採択されるのではないかということがいわれている。

※〔一九九五年一二月には「東南アジア非核地帯条約」〈別名「バンコク条約」〉を採択し、九七年には発効している。〕

3　朝鮮半島の非核化と東アジア・日本

こうした地域的な非核化の問題と今回直接的なきっかけとなった東アジアにおける非核化の問題を考えるときに、南北対話の一連の過程において朝鮮半島を非核化しようと南と北が約束をするが、それが具体的な効果を生まないまま今の状況に入っている。東アジアの問題を考えるときに中国はすでに核を保有しているし、日本はたしかに非核三原則を維持するということを政策として続けてきているが、日本の非核三原則とは自らは持たない、自らは使わないということだけであって、アメリカの核は持ち込ませないとはいっているけれども、アメリカの第七艦隊、アメリカの極東軍から核を抜けばそれこそ牙のないトラになっているわけで、常識的に極東アメリカ軍が核を保有しないことは考えられない。そして、アメリカが核を保有し、アメリカ軍による使用にその安全維持をむしろ日本は積極的に期待し認めるということから考えると、東アジアでは他の地域にくらべると非核化というのが、東アジアでの地域レベルでは非常に困難であるということさえ覚える。

そういう意味で、東アジアも本来は非核化地帯ということが日本あるいは中国も含めて可能であればいいけれども、ロシアは核大国であるし、中国もついこの先も核実験をしたという状況がある。そういう意味で朝鮮半島が非核化するということは逆の意味で中間地帯というか緩衝地帯というか、そういう役割を果たすという意味でも朝鮮半島の問題を超えて大きな意味をもつだろう。

二 NPTの実施措置とIAEA

1 NPTと非核保有国の義務

国際的にみると、核拡散の問題が――朝鮮半島はもちろん最近のことではあるが――早くから国際社会では議論されている。まずイラクが一九六九年に、つまりこのNPTが効力を発生する前の年に批准をして、そしてIAEAの完全な包括的な保障措置も受け入れている。ところが今回の湾岸戦争をきっかけにしてイラクが核開発の計画をすすめているということが明らかになって、一九九一年三月には安保理事会が決議を採択してそれを調査し、それをくい止めるための具体的な措置をとってきている。それ以前にも、たとえば南アフリカが核兵器を保有しているということが国際的に非常に重大な問題になったことがあるし、またイスラエルもすでに核兵器を持っているのではないかという疑惑がずっとあって、まだその疑惑は晴れないまま残っている。今のイラクの問題もNPT関係において言及したわけだけれども、イスラエルと南アフリカの問題はNPTを離れての議論であった。

もう一つはソヴィエトの解体に伴って、ウクライナとか、ソヴィエト連邦を構成していた共和国のなかにある核兵器の問題、少なくとも形の上ではそういう共和国からの核兵器やミサイルを撤去するということが進められているけれども、とくにロシア以外の戦略的核兵器の問題、あるいは技術、頭脳あるいはプルトニウムなどの海外流出が完全にくい止められているという証拠はまだない。このように、ソヴィエトの解体にともなう核拡散という問題が依然として国際社会の不安材料になっている。

そして朝鮮半島での今の問題であるが、北朝鮮は一九八五年にＮＰＴに加入している。そして九二年の二月にはやはり保障措置を受け入れているが、その一カ月前、いわゆる朝鮮半島非核化宣言というのが南北のあいだで宣言され、その後にＩＡＥＡの保障措置が受け容れられる。ところがさきほどの保障措置つまりＩＡＥＡが査察する平和利用は、原子力の平和利用施設の全てを対象にしているわけだけれども、北朝鮮は査察の対象として申告されていない施設、寧辺《ヨンビョン》の核施設が問題になっている。北朝鮮は周知のようにこれは軍事施設だから、原子力の平和利用施設ではない、だからＮＰＴの保障措置には含まれないし、当然にＩＡＥＡの対象にはならないんだという主張をしてきている。しかし、ＩＡＥＡあるいは国際社会はこういった北朝鮮の態度が納得できないということで査察を強く求め、それに抗議して北朝鮮は一九九三年の三月ＮＰＴから脱退するという意思表明をしている。

こういった北朝鮮の問題とならんで、アジアでは南アジアとくにインドとパキスタンがこの核開発を進めていることで、アジアの核拡散が大きな国際的な不安を募らせているというのが現実である。こういった核拡散の問題をなんとかくい止めようと、せめて今の核保有国にとどめておこうというのがＮＰＴの目的であると理解される。

2　NPTの保障措置とIAEAの権限

先にふれたように、NPTの保障措置はIAEAつまり国際原子力機関に委ねられている。IAEAは、一九五六年に、国連の専門機関の一つとして、原子力の平和利用について国際的な協力、あるいは国際的な監視を行うために設立された。このIAEAの設立条約第一二条をみると「機関の保障措置」というところがある。原子力施設の設計を検討する、設計を承認する、あるいは操作記録の保持および提出を要求する。非常に広い範囲にわたって国際原子力機関（IAEA）がそれぞれ各国の国内における平和利用について監視の目を光らせることになっている。とくに第一二条の七項は監視機能を高める上で重要である。つまり、違反した場合にどうするのか。「違反が存在し、かつ受領国が要請された是正措置を適当な期間内にとらなかった場合は援助を停止する」。今回IAEAが北朝鮮に対してさまざまな援助とか技術援助とかを停止する制裁措置をとったのはこの第一二条の七項に基づいてとった措置であるけれども、「援助を停止し、又は終止し、……当該計画の促進のため機関又は加盟国が提供したいずれかの物質及び設備を撤収する」となっている。約束に違反があり、違反の是正を求めても応じなかった場合はこういった制裁措置を予定している。

そして、この履行確保のための措置がIAEAによる制裁措置にとどまらずに、今回問題になっているように、国連がこの問題に関与を行うようになっている。それは第一二条の後段をみると、「事務局長はその報告を理事会に伝達」する、それから「理事会は、発生したと認める違反を直ちに改善するように受領国に要求しなければならない」。そして「理事会は、その違反をすべての加盟国並びに国際連合の安全保障理事会及び総会に報告しなければならない」ことになっている。このように、このＮＰＴの約束を履行させる履行確保の措置というのがＩＡＥＡの措置とならんで、国連の関与ないしは介入によってさらにこれを強化しようといった仕組みになっている。

3　ＩＡＥＡの権限と国連総会及び安全保障理事会

右の手続きに従って、国連総会あるいは安全保障理事会に違反事実が報告された場合に、国連がどういう対応をするかということであるが、国連総会というのは周知のように取りうる行動というのは勧告ぐらいしかない。つまり国連加盟国を拘束するような決定は、総会は採択できないというわけである。たとえばスペインのフランコ政権のときに、これは戦後すぐのときの話であるけれども、フランコ政権が労働者を弾圧する、あるいは労働者代表を死刑に処するといった行為に対して、国連総会のほうが外交関係を絶つとか、あるいはそのほかの経済措置をとるといった行動を加盟国に勧告したことがある。おそらく一番強い措置がこういったものであろう。

もっとも当時のフランコ政権に対するそういった措置が取られたのは、これはフランコ政権というのは第二次大戦中に、ドイツと親しい関係にあって、とくに、ドイツの敗残兵がスペインに逃げ込んだ、そのために国連は当初スペインを国連に加入させないという決議までした。そういったスペイン憎しという考え方が当時の国連にあって、それを背景にして採択された決議だと思うけれども、いずれにしてもフランコ政権のそういう政策が国際社会の平和に対する脅威を構成する、したがって加盟国はこの政権と外交関係を絶つように、あるいはその他の経済関係を絶つようにという勧告をしたことがある。

右のIAEAからの報告を受けて、それが国際社会の脅威であるということが、もし認められた場合は、勧告という形ではあるが、そういう措置はとれるということが考えられる。そして、安全保障理事会は、これは後で詳しく見るように、唯一国連加盟国を拘束する決定をなしうる機関である。そしてその決定は、第七章の第三九条に基づいて行われる決定、つまり第四一条の非軍事的制裁を採るのか、あるいは第四二条に基づいて軍事的な制裁を採るのか、あるいは第四〇条に基づいて暫定的な措置、つまり現状凍結がこの内容であるけれども、そういった決定ができるのである。この決定を行うと、国連加盟国はこの決定に法的に拘束されることになっている。そういう意味で、もし安全保障理事会が報告された事実が第三九条でいう平和に対する脅威であると認定し、そして第四一条あるいは第四二条あるいは第四〇条のいずれかの措置を決定するということは、少なくとも国連憲章上の法理では可能である。

三 北朝鮮の核疑惑と国連の制裁措置

1 国連の集団安全保障体制の理念と現実

つぎに北朝鮮の核疑惑と国連の制裁措置の問題を考えてみたいけれども、右にふれたように、国連は法理上はそういうことが可能だけれども、その前に国連の集団安全保障体制の問題を、かいつまんで取り上げることにする。

集団安全保障体制というのは国際連盟という国際機構が設立される過程で平和維持方式の一つとして導入された制度である。つまり一九世紀の国際平和を維持してきた方式の一つである、力の均衡(バランス・オブ・パワー)に代わる平和維持方式として考えられた。これは国際法のテキストをみるとほとんどのテキストがそういう説明をしている。

しかし、今日においても国際政治の現実は、依然として力の均衡(バランス・オブ・パワー)に支配されているということが国際政治を研究している人たちのあいだでは一つの神話にさえなっている。この力の均衡による平和というのは力の均衡つまりバランスではなくインバランスである。つまり心理的には常に相手よりは自分のほうがあらゆる面で優位に立っているということじゃないと国家は安心しないわけだから、相手が一〇のミサイルを持てば、こっちは一一持つ、こっちが一一だと向こうが一二持つ、そのためにバランス・オブ・パワーによる平和維持というのは軍備競争を果てしなく激化させるし、常に仮想敵国を設定するという状況にあって、戦争一歩手前の一触即発的な戦争瀬戸際的な状況にある。

したがって力の均衡による平和維持というのは、なるほど一九世紀のとくにヨーロッパの平和維持はこの考え方によって一時的にはある程度維持されたというのも事実である。イギリスがバランサーとしての役割を果たしたということもあって、この力の均衡方式による平和の維持が一時的には可能であった。

ところが第一次大戦の勃発によって、そういった神話が崩れた。そして、この力の均衡方式による平和維持はむしろ果てしない軍備競争による戦争の危機を高め、平和維持を不可能にするという考え方から、当時米国のウィルソン大統領によってこういう考え方が提起されて、いわゆる仮想敵国ではなしにすべての対立する国も含めた国際社会のすべての国家が参加する国際機構の下で戦争に訴えないことを約束する。そしてその約束に違反した国に対して、他のすべての国家が国際社会の名において集団的な制裁を加えることによって国際平和を維持しようというのが、集団安全保障体制の考え方だった。

ところが国際連盟というのは、三〇年代に入ってファシズムが登場する、日本も脱退するドイツも脱退する、ソヴィエトが除名される、アメリカははじめから入ってない、しかもその集団安全保障体制の根幹である制裁措置というのはほとんど加盟国の自由な判断に任せる、しかも軍事的制裁に必要な国際軍というものを全く持たなかったということで、牙のない虎であったという評価がなされた。理念は掲げたけれどその足元にも近づかないで失敗したといわれた。

こういった国際連盟の反省に基づいて、第二次大戦後の平和維持機構として設立されるのが国連であり、その中心的な目的、存在理由というのが集団安全保障体制であった。

この国連が掲げる集団安全保障体制というのは少なくとも制度的には、まず、戦争だけではなしに武力行使も禁止する。戦争が戦争であるためには国際法上の手続きを踏んだ戦争でないと戦争ではないというのが国際法の考え方であった。そのために一九二八年に戦争放棄に関する条約、不戦条約というのが締結されたが、それは戦争を放棄したのであって戦争にいたらない武力行使は放棄していない、したがって国際法の違反にならないのだという、抜け道を悪用するケースが惹起した。日本の中国侵略もそうだが、そういうことから国連憲章を見たら分かるように、戦争という言葉を一切使っていない。戦争ということばが見られるのはいわゆる旧敵国との関連においてのみ第二次大戦を指すその場合しか戦争という表現をとっていない。そして国連憲章の第二条四項で武力行使あるいは武力による威嚇をすべて禁止するということになっている。そして禁止された武力行使を行った国家に対して、国際社会が集団的制裁措置をとるために制度的に備えているのが第七章の第三九条から第五〇条までの規定である。

これも第三九条で平和に対する脅威か、平和の破壊か、侵略行為かそのいずれかの事態の認定があって、脅威を除去する、あるいは平和の破壊を防止する、あるいは侵略行為を抑止するために必要な措置を第四〇、四一、四二条いずれかを適用して行うことになっている。とくに第四二条の軍事的な措置をとるために第四三条で安保理事会と特別協定を結んで提供する兵力の範囲とか内容とかいうことをあらかじめ約束しておいて、必要な事態が生まれたときに協定に基づいて各国が兵力を提供する、あるいは便宜を提供する。そのように、国連軍の構成、あるいは指揮とか非常に細かい規定まで用意している。したがって、その条文だけを見るかぎり、ある意味では国連は名実共に集団安全保障体制を確立したといえるものである。ところが誰もが知るように、この第四三条以下第五〇条までの規定というのは国際法研究者のあいだでは死文化しているといわれている。つまりとくに第四三条が予定している特別協定というのはまだ一つも締結されていない。そして国連の実践過程をみても国連が予定していた国連軍というのは一度も設けられたこともないし、派遣されたこともない。ところが実際は国連軍という言葉、用語は使われてきた。それが朝鮮国連軍とか、あるいは国連緊急軍とか実践過程では「国連軍」というのがたしかに設けられてきているけれども、国連憲章が掲げた理念から見ると程遠いものであった。

研究者は国連の平和維持機能は挫折したという表現をよく使うけれども、なぜ国連安全保障体制の理念が挫折したかというと、これはひとことでいうと冷戦体制が最たる理由だった。つまり集団安全保障体制というのはすべての国家がそれに参加し、そして協力し、連帯することを前提としており、この条件が整ってはじめてそれが運営できるようになっているわけだが、そうした協力、連帯は存在しなかった。国連をつくった人、とくにソヴィエト、イギリス、アメリカという三大国が国連づくりの話を一九四三年から具体的に始めたけれども、第二次大戦後、そのままうまくいくというふうに思ってつくったのか、あるいは失敗することを十分承知しながらつくったのかは謎の一つである。というのは第二次大戦はたしかに共通の敵を持って、ともに戦った、いわゆる米ソのハネー・ムーン時代であるから、そういうことが可能であった。けれども、その大戦が終わると同時に共通の目標をなくし、思想的に相容れない国家であるわけだから、当然冷戦体制にはいるという、誰もが分かるようなことを予測しながら、彼らがまじめにこれを考えたんだろうかと首を傾げたくなる。とくに拒否権の問題などはそうである。

常任理事国制度と拒否権というのははじめから大国主義であり、不平等主義である。もちろんそれは国連をつくった人たち、つくった国なりの考え方があって、〝集団安全保障体制というのは第二次大戦中に重要な役割を果たした五大国が協力しなければ効果がないんだ、だから一国でも反対すればうまくいかない〟ということで、拒否権制度をとりいれた。しかし冷戦状態となるとこれはうまく動かなくなるということは、誰がみても分かる。そういう意味で、拒否権制度というのは非差別、平等の原則に反し、あるいは大国主義という意味では否定的に考えるけれども、たとえ国連の名において行われようが、戦争であることには間違いない。つまり **War against War**「戦争に反対するために戦争を行う」という、皮肉な状況がある。他方、第二次大戦後、大国間の代理戦争である地域紛争が、ずっとほとんど毎年のように続いているが、いわゆる超大国の間の戦争が避けれたのはある意味では拒否権があったためではないかとも思う。ソヴィエトが一番多くこの拒否権を行使したが、核戦争を防止できたという意味では、評価をするけれども、いずれにしてもそういった状況のなかでは集団保障体制はうまくいかないというのは誰がみても明らかである。

朝鮮戦争は、中国の国連代表権をめぐって、台湾が中国全体を代表するというのは認めないソヴィエトが、中華人民共和国政府を中国の代表として迎えるべきだと主張して対立し、たまたま安保理事会をボイコットしているときに、朝鮮半島で戦争が起こった。朝鮮半島の南＝韓国ではソヴィエトが意図的に北が南に侵入することをむしろ助けるために､国連を欠席することによって国連の対応を不可能にし、あるいは遅延させ、その間に北の方が南を完全に制圧するということを狙ったのではないか、といわれてきている。いずれにしてもそのときに戦争が起こって、ソヴィエトが欠席し拒否権を行使できなかったために北朝鮮を侵略者として烙印を押し、北の侵略を排除し南を応援するために、第三九条の決定ではなしに勧告という形で朝鮮国連軍を結成することが可能となった。それがアメリカ軍に国連の帽子を被せ、九〇％がアメリカ軍であったという変則的な国連軍であった。

その後、今日いろいろ議論があるＰＫＯという形で国連軍が設けられる。

このＰＫＯというのは周知のように、善玉、悪玉を全く区別せずに、とにかく戦争、武力衝突をやめさせ、停戦を監視する、それが主要な目的である。それは全て同意原則に基づいて、受け容れる国が同意しなければ入ってはいけない。とくに内乱の場合は中立を維持する、あるいは武力は自衛の場合以外は使わない。したがって非強制的な措置であり、集団安全保障体制とは全く異なった性質のものである。このＰＫＯの国連憲章上の位置づけをめぐっていろいろ法的な問題がある。あるいはコンゴではちょうどソマリアで犯した同じような過ちを一九六〇年に派遣されたＰＫＯが犯す。いろいろな過ちを犯したりしているが、いずれにしても国連が予定していた集団安全保障体制というのは、ほとんど機能しないものになったといってよい。

2　制裁措置の適用と核疑惑

このように制裁措置は、「制裁」ということで軍事措置が行われたのは、朝鮮国連軍だけである。いわゆる湾岸戦争のときは多国籍軍に対して武力行使を国連が許可をする、オーソライズする、その権利を認めるというかたちでやった。これは第四二条に基づく制裁措置ではもちろんない。これ自体も大きな過ちである。いずれにしても憲章規定に基づく制裁措置という形では軍事措置はとられていない。ただ第四一条の非軍事的措置については予想しなかった発展が見られる。

平和の破壊とか、侵略行為、あるいは平和の脅威というのは、少なくとも国境を越えて行われる軍事的な侵略、あるいは軍事行動を想定させるような状況を平和に対する脅威というふうに考えてきている。また国連をつくった人もそういう状況を想定して平和の脅威という概念を第三九条に入れた。ところが国連の実践過程では、アパルトヘイトつまり人権問題との関連でこの第四一条が適用される。

南アフリカによるアパルトヘイト政策が、四六年から取り上げられて、最初は改善あるいは是正を求める勧告・要請という形で行われる。しかしなかなかいうことをきかない。一九六〇年になって、流血事件が発生する。これをきっかけに国連は南アのアパルトヘイト問題というのは国際平和に対する脅威である、と事態の認定を始めた。だから人権問題から平和問題へと転換させることによって第四一条を適用できる状況が生まれる。

国連総会においては早くから制裁措置——非軍事的な措置——が、さきほどのスペインの場合と同じように勧告という形で行われる。国連総会は早くから加盟国が必ずしもそれに従わなければならない義務はないが制裁措置を勧告するが、安保理事会はなかなか適用しない。

よく知られていたように南アフリカと最も経済的な関係を強く維持していたのはイギリス、フランスであり、日本、ドイツであり、アメリカである。なかでも安保理事会の常任理事国が、南アフリカと金とかダイアモンドとかそういった稀少の鉱物資源が主な理由だけれども、経済的利害関係があってなかなか適用しない。一九七七年になってようやく制裁を適用するようになった。

それから同じく南ローデシア、これはイギリスの植民地であって、植民地独立宣言を一九六五年にする。普通は植民地が独立宣言をすると国連はそれを歓迎し、支援するのであるが、南ローデシアの場合はむしろ国連はこれを認めない、そして植民地本国であるイギリスにこの独立を宣言した政権をつぶすようにということさえいう。それは南ローデシアも南アフリカと同じように、少数白人政権が、しかもアパルトヘイト政策に基づいて、それを国是とする国家独立を主張したからである。その南ローデシアにたいしても制裁措置をとるということになる。

このように人権問題は平和の問題だということで第四一条を適用するのは、憲章上問題である、あるいは憲章違反だという批判があった。これはたとえば日本でも国際法の大家であった故田岡良一先生が批判をしている。つまり国連安全保障体制が予定したのは、国境を越えて行う武力的な攻撃ないしは侵略であって、国内の人権問題を平和に対する脅威だとして第四一条を適用するのは国連憲章に違反する、問題なんだという批判をしている。しかし、人権問題と平和問題は一つである。したがってむしろ軍事措置はもちろんとるべきではないだろうが、非軍事的な措置によって人権を確立するというのは(もちろんこれもその適用は非常に難しいけれども)、基本的には憲章上問題ないと考える。むしろ積極的に実践過程における発展であるというふうにさえ考え、評価する。

そこで、人権問題についてはたしかに平和に対する脅威として適用されたことがあるけれども、核疑惑の問題になると、さきほどいったイラク戦争はむしろクウェートの武力的な併合に対する措置であったわけで、イラクの核疑惑はその後で出てきた問題である。もちろんそれは一つの脅威だということについては否定はしない。けれども、NPTの義務違反、あるいは保障措置を履行しないという事実だけで、あるいは核開発をしているんじゃないかという疑惑だけで、ただちに第三九条でいう平和に対する脅威を構成するということが果たしていえるだろうか、拡大解釈であると考える。もしこの程度、つまり北朝鮮がNPTを脱退する、あるいはある施設に対する調査を拒否するというそれだけで、第三九条の脅威になるんだ、だからそれに対して第四一条あるいは第四二条に基づいて制裁措置をとれるんだということになると、これは地球上のいろいろな問題に国連が首をつっこむことになり、まさに戦争に反対するために制裁という名の戦争を行うことになる。

だから国連というのは、いまちょうど一九六〇年以前の状況に戻っている。つまりあの時はまだアジア・アフリカ諸国が植民地支配の下にあって、国連を構成する加盟国でなかったために、いわゆる自由主義国家が大多数を占めた。そのためにアメリカのいいなりに、アメリカの論理によって国連が自由に動かされた時期である。中国はその時国連を非難して、国連はアメリカの外交的道具である、したがって第二の国連を作るんだということさえいった時代がある。そういったアメリカの論理によって国連が自由に動かされるような状況があった。冷戦体制が終結しソヴィエトが崩壊することにより、大国つまり米国の論理によって第三九条の脅威というものを拡大解釈をし、そして第四一条を適用しようとしているような状況が、今日の状況だろうと思う。

とくに北朝鮮の場合、北朝鮮のいままでのラングーン事件、大韓航空機爆破事件などについては、もしそれが事実であればもちろん非難されるべきであるし、責任を問われるべきであるけれども、核の問題についていえば現実に核というものによって脅威を受けているのは北朝鮮の立場である。日本は、たしかに核三原則を維持するといいながらアメリカによる保持と使用はむしろ積極的に期待し、それを認めているという状況であり、そして朝鮮半島では――幸いにして朝鮮半島からは核兵器は撤去されたといわれているけれども――　、常にアメリカの第七艦隊が核を持って朝鮮半島の周辺にうろうろしている。いつでも攻撃できる状況にあるから、むしろ核兵器によって脅かされているのは、北朝鮮であるというのが現実であろうと思う。

この核疑惑というこの度の「騒動」が――これは今度の問題だけではなく、地球上で発生している過去の国際紛争、国内紛争もそうであるけれども――死の商人、いわゆる軍需産業の論理と日本国内の国際貢献の名の下に進めようとする軍事大国の論理によって仕組まれ、そして進められている状況が、見え隠れしてしょうがない。その意味で、第三九条の脅威という概念を拡大解釈して、無理やり第四一条を適用しようとする別の意図があるように思えてならない。

3　憲章第五一条が認める集団的自衛権の本質

次に集団的自衛権の問題であるが、先にふれたように、集団安全保障というのは力の均衡の論理を否定して、それに代わる新しい平和維持方式として登場し、採用、導入されてきたものである。ところが国連憲章が制定される最終的な段階、一九四五年の四月から六月まで開かれたあのサンフランシスコ平和会議の最後の段階で、第五一条の規定が提案されて、採択されることになる。

つまり、国連憲章を見ると、第五二条、第五三条は地域的なとりきめ、今の米州機構とかOAUとか地域的とりきめに基づいて、いわゆる強制行動、すなわち制裁としての軍事行動がとれることになっている。ところが地域的なとりきめに基づいて強制行動をとる場合は安全保障理事会の許可を得なければならないことになっている。しかし安保理事会の許可をいちいち得るということになると――冷戦の論理が具体化する以後はもちろんであるが、それ以前の段階でもすでに米州諸国は相互援助条約をチャプリテペックで締結している。あるいはアラブ諸国にもそういったものがある。こういった諸国から見ると――急迫する軍事的な侵略から守れないんじゃないかということで、アメリカ、アラブなどの諸国が提案をしてできたのが、この第五一条が認める集団的自衛権である。だから第五一条は個別的自衛権に加えて集団的自衛権をも固有の権利としていて、第五一条の存在理由はこの集団的自衛権である。その本質は、集団安全保障体制が否定したはずの軍事同盟、あるいは相互防衛であり、それを集団的自衛権という名において積極的に承認しているところにある。

筆者は国連設立三〇周年のときに、日本国際問題研究所が特集を出したときに、この問題を書いてくれといわれて次のような表現を使って表現した。いわゆる国連というのはヤヌスコープ、つまりヤヌス神の頭のように二つの顔をしておって、一つは集団安全保障体制の顔をし、もう一つはこの集団的自衛権の名における軍事同盟の顔をしている。そして現実はむしろ集団的安全保障の顔よりも、集団的自衛権の名における軍事同盟の顔をより多く出している。しかもこれができた背景というのは地域的な連帯関係にあって、経済的・文化的・政治的に隣接し、共通の利益を共有する関係の諸国に認められるものであると理解された。ところが国連が発足してからは、地域的な連帯とか共通の利益とかには関係なく主張されるようになってしまった。極端な場合、たとえばベトナム戦争にアメリカが介入したのがそうである。つまり一時的に当該国家の政府が要請して介入する場合も集団的自衛権になる。日本の日米安保条約もそうだけれど、そのようにまさに軍事同盟を積極的に法的に承認するものが集団的自衛権である。百歩譲って、止むを得ないと認めたとしてもそれは制限的にこれを解釈あるいは適用すべきであって、拡大解釈することになると集団的安全保障体制そのものを否定することになる。日本が集団的自衛権を一方でいいながら、他方では国連中心主義をさかんにいう。その国連中心主義というのは国連が達成しようとしている集団安全保障体制による平和維持が国連の本来の存在理由であり達成しようとしている目標である。したがって集団的自衛権というのは本来否定されるべきであり、たとえ認められるとしても非常に密接な経済的・政治的な利害関係あるいは共通の利益を共有しており、地理的に隣接しているとか、連帯関係にある国家に限って認められるべきであって、一九世紀の軍事同盟を積極的に保障する意味での集団的自衛権は認めるべきではない。これは国際法学者のあいだでもこの議論がずっとつづいてきているが、やはりいかにしてその悪用もしくは乱用を防ぐかが関心事になっている。

次に、「集団的自衛権は国家固有の権利である」、という主張について考えてみる。たしかに、第五一条は固有(inherent)という表現を使っているが、自衛権というのはたとえば第五一条がその発動の要件として武力攻撃(armed attack)が発生したとき(occurs)という条件をつけていることからもわかるように、直接かつ急迫・不正な武力侵害があったときにそれに対応して自らの国を守る権利であって、直接攻撃の対象になっていない第三国が自衛権を行使するという意味での集団的自衛権というのはやはり本来的には認めるべきではないし、固有の権利ではない。そのへんを間違えて、いかにも国際法上当然に認められる個別的な自衛権と同じような権利としてこれが主張される。一九世紀の国際法・国際政治では干渉を正当化する概念として「死活的利益(vitai intarest)」という表現がある。日本は、朝鮮半島に対する覇権を確立するために、日清戦争、日露戦争を経験したが、そのときにロシア・中国と対抗するために使った言葉がそれである。〝朝鮮半島にたいしては日本帝国は死活的な利益を持っている〟と。同じような発想と目的によって、日本が利害関係を持っている国に対する攻撃については、日本もそれに対して集団的自衛権に基づいて武力介入ができるということを固有の権利といっている。これはまさに、一九世紀あるいは第二次大戦前の政治・軍事同盟外交に戻ろうとする論理以外のなにものでもない。

四　有事立法論議と核疑惑

1　制裁措置への参加と有事立法論議

有事立法の論議はいままでも何回も出たり入ったりしてる。たとえば、一九七九年九月号の『法律時報』は有事立法の特集を組み、有事立法の問題点について多くの学者たちが議論をしている。

いわゆる三矢作戦とか、中曾根元総理の「日本列島不沈艦」発言とか、ことあるたびに有事立法の必要性が主張され、議論と準備作業がなされる。だからその作業はこの段階ですでに少なくとも自衛隊のレベルではほぼ完了していると思われてならない。

今回も、制裁措置の適用、あるいは集団的自衛権行使の議論との関連で、有事立法論議が出ているけれども、有事立法というのは周知のように、財産の接収、思想・言論の統制など、まず人権の制約から始まる。※〔なお、二〇〇三年六月には武力攻撃事態対処法を成立させ、二〇〇四年六月一四日には国民保護法を含む有事法制関連七法を成立させ、武力行使に必要な法整備を終結している。〕

2　制裁措置参加と国際人権規約B規約

国際人権規約の立場からこの問題を考えるときに、人権規約B規約の第四条が認めるいわゆるderogation（義務免除）に当たる。つまり緊急事態が発生した場合には、この国際人権規約が保障する人権を保障しなくてもよい、つまり保障義務から逃れる、保障義務が免除できることになっている。もちろん緊急事態であっても、いくつかの権利については尊重しなければならないことになってはいるが、この有事立法、とくに制裁措置との関連で有事立法が出てくる場合、日本の市民もそうであるが、朝鮮総聯系の、朝鮮国籍を持っている人びとの人権を直接的に制約する措置が伴うことになることが危惧される。

そうすると、このB規約が許している人権の制約すなわち、保障義務を免除している緊急事態に制裁措置の適用状況が合致すると果していえるだろうかという問題がある。つまり国連による制裁措置が、あるいは制裁措置に参加することが、ただちに人権制約を認める緊急事態といえるだろうかというと、それはまず絶対にいえない。ここでいう緊急事態というのは、内乱とか準戦争に近い状態、あるいはヨーロッパ人権条約で問題になったのは、たとえばイギリスの北アイルランドの独立を主張して武力闘争を進めるＩＲＡがある。ＩＲＡによって展開される状況を緊急事態といえるのかどうかという議論があった。このように内乱に近い状況を想定して、認めているものであって、こういった制裁措置に参加することが人権制約を認める、あるいは人権保障の義務を免除させるような事態とは決していえない。

それから制裁措置との問題で思い起こしてもらいたいのは、アパルトヘイト、国連が国連加盟国に対して南アとの経済関係、兵器の輸出も含めた経済関係を絶つようにとの決定、これは日本も当然従う義務がある。ところが日本は非常に非協力的であった。だから南のＡＮＣの人たちも含めて何度か日本の外務省を訪ねて、南アとの経済関係を絶つように要請をする。それに対して日本はどういう返事をしてきたかというと〝国家の政策としては関係は絶つけれども、日本は自由主義国家であり自由主義経済体制であるから、一般企業による経済関係にまで法的に強制できない。行政指導としてやめるようにいうことはできても法的にはできない〟ということでそういう義務から逃れてきた。

なのに、北朝鮮にこういった措置がたとえとられたとしても、国家レベルの借款の中止とか、航空機の乗り入れ禁止とかは可能であろうが、個人の送金まで可能かという問題、しかも送金が自分の身内や親戚に対する生活扶助とか、まったく私的なレベルでの送金である場合、そうでないものもあるいはあるかもしれないけれども、それを日本が積極的に証明できないかぎり、止めることはできないはずである。だからまさにダブル・スタンダードで、アパルトヘイトのときは自由主義国家だから、個人のことに介入できないといいながら、今回は個人の送金まで止めようということまで想定している。もちろん実際には難しいだろうという議論はあるけれども、政府の立場はそこまで視野に入れて進めている。

たとえ戦争状態になっても私人の権利は尊重されるべきであるというのが国際法の立場であるし、それは制限的に、必要最小限に止めるというのが常識である。ところが制裁措置とからめて個人の自由、送金の問題とか、旅行の自由の問題とか、再入国の問題とか、そういうものまで制限するのは国際人権規約違反である。

有事立法論議というのは今回の問題に限らないわけで、過去何度も出たり入ったりしてきたし、今後も出てくるわけだから、人権という立場に立って、自衛隊とか政府任せではなしに、法律学者を含め関心ある市民とＮＧＯによる真剣な検討を行い、とくに国際人権規約の遵守に基づく具体的な提言をすべきではないだろうか。

五　核疑惑と在日朝鮮人に対する差別的暴力

1　民主憲法半世紀と国際人権規約一五年の意味

最後に、いろいろな暴力事件があるけれども、過去二十数年間、在日朝鮮人・韓国人に対する差別の問題だけではなしに、部落差別とか、アイヌ民族差別を含むさまざまな人権問題、差別をなくすための運動にたずさわっているものの一人として、民主主義と基本的人権の尊重を柱とする日本国憲法が公布されて半世紀になろうとするけれども、それが果たして何だったんだろうかという思いを最近非常に強くする。国際人権規約も受け容れて一五年になる。それを受け容れて、それなりの努力はしてきたつもりだけれど、表面的にはたしかに変わってきているんだけれども、なかなか、とくに心の問題というのは何も変わってないんじゃないかと虚しさを覚えるし、悲しみさえ覚える。

まさに、護憲というか民主主義と人権そして平和主義を問いなおして、とくに教育のなかに人権を導入することがいま一度強く求められている問題である。

最近、日韓関係の問題が〝未来指向の日韓関係〟と盛んにいわれているけれども、未来指向というのはあくまでも過去をきちんと見つめなおし、そして現実をきちっと見つめ、そこに足を踏まえ腰を据えて、そして一緒に未来に向けて努力するというのが未来指向であって、過去の歴史と現実に目をつぶったまま、スローガン的に〝未来指向〟では、本当の未来指向の日韓関係や日朝関係は築けない。

2　警察権力による政治的抑圧

とくに警察権力による政治的な動機と目的で行う抑圧というのは、第二次世界大戦中には治安維持法に基づいて行った。同じことを、今度は朝鮮人に向けて行っている。本当に民主憲法の存在理由はなくなったのだろうか。しかも日本人ではなく外国人にそれが向けられたときに、日本社会そして一般市民のそれに対する姿勢というものが非常に脆弱である。警察は保護の面では非常に消極的でありながら、抑圧の面になると非常に積極的になる。

この問題というのは、決して朝鮮人問題ではなしに日本社会全体の問題であり、その矛先がいつか韓国人、あるいは日本市民にも向けられる。そのまま放置すれば、である。そういう認識を多数者である日本の人びとに改めて強くしてもらい、もうちょっと厳しく対応してもらえれば、と思う。

3　歴史的差別・暴力と今日の暴力事件

子どもたちに対する暴力事件をみるにつけ、〝未来指向〟といいながら歴史から何も学んでいない。あるいは学ぼうとさえしない。しかもマスコミさえ面白半分に一般市民を煽動しているように思える。これは官民一体のいじめそのものである。ある国家ある国民を悪者にして、それを材料にして、国民の目を外にそらしていく。そういった役割をマスコミがやっているというのは非常に悲しい思いがする。「在日」の多くがとくに信頼してきた新聞の一つがそれに加担していることに憤慨している。関東大震災のときの朝鮮人虐殺を思い出すのは筆者一人だけではあるまい。

おわりに

最後に、朝鮮半島の問題というのは、従来のイデオロギーの論理、つまり冷戦が終わったとか、崩壊したとかいわれながら、依然として南北に分断して対立している状況がある。それを日本がむしろ緩和させるような役割を本来は果たすべきであるのに、冷戦の論理でこれに対応しようとしている人びとがいる。しかも南北分断の問題については日本は道義的な責任さえあることを忘れている。

朝鮮半島の問題というのは、これは前からいわれているように、クロス承認をまず確立することが必要であると思う。ところが、南、韓国の場合はロシアも中国も韓国と外交関係を保っている。ところが北とは日本もアメリカもまだ外交関係を持たない状況にある。この核の問題と関係なく、むしろそれがあるからこそ、日本もアメリカもまず外交関係を保つことによって、あの閉ざされた社会の門戸を開き国際社会に招き入れる必要があると思い続けている。外交関係を保つと、いやおうなしに人の出入りがよくなるし、そうすることによって社会の風通しがよくなる。そうすることで核疑惑がもしあるとしても、それを明らかにするために役立つ。「鶏が先か卵が先か」といったことになるが、核疑惑を晴らさないと外交も駄目なんだということではなしに、とくに朝鮮半島の南北平和共存を確立し、そしてその平和を維持するために、とりあえず、クロス承認を確立することが、最大の、最も急ぐべきことではないだろうか。今、南北首脳会談、あるいは米朝会談が取り沙汰されているが、とくにアメリカと北朝鮮が外交関係をはやく樹立して、人の出入りをよくするという役割を果たしてもらいたい。

日本はアメリカの顔色をうかがいながら、すべての政策がそうであるが、アメリカがやれば日本もそれについてやるだろうと思うけれども、いま社会党の党首が総理という立場にあって、ちょっと今までと違った朝鮮半島政策が出てくるかなと期待もしている。どの程度できるか分からないが、いままでの政党よりは少しは、北朝鮮と友好を保ってきた社会党なので、多少は違うかなという期待もしている。

最後に、常に思っていることであるが、一番肝心なことは、われわれ一般市民が、いわゆる普通の人たちが、政治家、指導者といわれる人たちによってふりまわされないことだろうと思う。つまり彼らに対してノーといえるような平和感覚、人権感覚をもたないとユーゴスラビアにみられるように、昨日まで一緒に机を並べた友人同士が平気で殺し合うし、朝鮮戦争のように親子、兄弟がイデオロギーが違うということで平気で戦場で殺し合うという状況がまたくり返される。

だから都合の悪いときはよく政府の責任にするわけだけれど、すべてわれわれ一人ひとりの責任である。われわれ市民レベルでの人権・平和というのを確立し、政治家によってふりまわされない賢明な市民になることが重要だと思う。政治家が旗を振るとそこに集まるような庶民であり、市民であるかぎり、恒久的な平和は絶対に確立できないと思う。そういう意味で民主主義とか人権とかは政府によるのではなしにわれわれ市民レベルの努力で確立することが基本的に重要である。権力の論理に振り回されるようなマスコミとか知識人の扇動に迷わされない市民社会をどうつくるか、ということが今後の最大の課題ではないか。※〔姜尚中『日朝関係の克服』集英社、二〇〇三年、参照〕

初出一覧

第一部　国際人権法と在日韓国・朝鮮人

1
人権保障の国際化と在日韓国・朝鮮人
（『季刊三千里』第二八号「特集　在日朝鮮人を考える」、一九八一年）

2
在日韓国・朝鮮人の法的地位と国際人権法
（徐龍達編著『韓国・朝鮮人の現状と将来』社会評論社、一九八一年）

3
人種差別撤廃条約と在日朝鮮人
（『季刊三千里』第三九号「特集　在日朝鮮人と外国人登録法」、一九八四年）

4
国際人権基準と民族教育——「子ども権利条約」の批准に思う
（『季刊青丘』第二〇号「特集　転形期の在日韓国・朝鮮人」、一九九四年夏）

5
戦後補償をめぐる法的諸問題
（戦後補償問題研究会編『在日韓国・朝鮮人の戦後補償』明石書店、一九九一年）

第二部　多民族共生社会を目指して

1　多民族・多文化社会と在日韓国・朝鮮人――「内なる国際化」、とくに民族教育を中心に
（『法律時報』五七巻五号「特集　定住外国人の人権」日本評論社）

2　人権教育と外国人の人権
（『部落解放』一三号奈良県部落解放研究所刊、二〇〇〇年三月）

3　共生の時代とマイノリティ
（近畿地区大学放送会公開講座『国際から民際へ　草の根から世界を見る』龍谷大学刊、一九九七年）

4　英国における定住外国人の法的地位――日本の外国人法制と比較して
（季刊『三千里』五〇号・終刊　特集「在日朝鮮人の現在」三千里社、一九八七年五月一日）

5　定住外国人と地方自治体の参政権
（シンポジウム『在日韓国人は何を求めているか』主催　在日韓国青年商工人連合会、一九九〇年四月七日、日本プレスセンター）

第三部　朝鮮半島の人権と平和

1 韓国の社会発展と人権・民主化活動
（ヒューライツ大阪編『アジア・太平洋人権レビュー』一九九八年）

2 韓国における社会権の位相と課題
（ヒューライツ大阪編『アジア・太平洋人権レビュー2000』）

3 日本と朝鮮半島の新しい関係を築く市民レベルの努力を！
（在日韓国青年連合・在日韓国学生同盟編『過去と冷戦を超えて――いま日韓条約を思う』一九九六年）

4 北朝鮮核疑惑をめぐる法的諸問題
（自衛隊の海外派兵と治安法に反対する市民連合会『講演録　北朝鮮核疑惑をめぐる法的諸問題――国際法・国内法の視点から』一九九四年）

執筆者紹介

金　東勲（キム ドンフン）

1934年 韓国忠清北道生まれ

京都大学大学院博士課程修了・法学博士（1974年）

大阪経済法科大学教授（1982年まで）、龍谷大学教授（2003年3月まで）歴任。

現在、龍谷大学名誉教授、ソウル大学校法科大学客員教授

〈主要著書〉

『人権・自決権と現代国際法』（新有堂、1979年）

『在日韓国・朝鮮人 歴史と展望』（共著、労働経済社、1989年）

『解説　人種差別撤廃条約』（解放出版社、1990年）

『国連・移住労働者権利条約と日本』（編著、解放出版社、1992年）

『外国人住民の参政権』（明石書店、1994年）

『国際人権法とマイノリティの地位』（東信堂、2003年）、など。

共生時代の在日コリアン——国際人権 30年の道程　〔検印省略〕

2004年10月20日　初　版第 1刷発行　＊定価はカバーに表示してあります

著者 © 金 東勲／発行者 下田勝司　印刷・製本　中央精版印刷

東京都文京区向丘 1-20-6　郵便振替 00110-6-37828

〒 113-0023　TEL（03）3818-5521（代）　FAX（03）3818-5514

発行所 株式会社 東　信　堂

Published by **TOSHINDO PUBLISHING CO., LTD.**

1-20-6, Mukougaoka, Bunkyo-ku, Tokyo, 113-0023, Japan

ISBN4-88713-575-0 C3032 ©Kim Dong-hoon

E-mail tk203444@fsinet.or.jp